人材紹介のプロが教える

発達障害の人が
活躍するためのヒント

石井京子・池嶋貫二・林哲也・村上由美 著

弘文堂

はじめに

　著者はさまざまな障害のある方の就職支援に長らく携わってきましたが、発達障害のある方の場合はご本人も家族も気づくことなく、まして や周囲もまったく気づかないままに、社会に出てから発達障害と診断される方が多いことを知っています。働き始めてから、職場での不適応や違和感を持たれる方が大半です。また、一人ひとり特性は異なりますので、誰一人として同じタイプの方はいないのですが、それでも数多くの方にお会いすると、同じような課題を抱えている方は他にもいらしたことを思い浮かべたりして、発達障害のいくつかの特徴に気づくようになります。大勢の発達障害のある方の就労状況や個々の悩みや課題に関わり、なおかつ客観的に見ているという点で、私はご本人よりはるかに多くの情報を持っていると言えるかもしれません。

　これまで著者がお会いした発達障害のある方は何百名にも及びます。そしてその多くは知的に遅れがなく、アスペルガー症候群と診断を受けた言語能力が高い方々で、相談者の9割を占めます。
　2013年5月に米国精神医学会作成の国際的診断基準「診断と統計のためのマニュアル第5版—DSM-5」が出版され、自閉症や不安障害に関わる診断基準が変化しましたが、本書では病名の表記はDSM-5に準拠することなく、従来の使いなれた診断名のまま表記しています。発達障害のある方々のIQは療育手帳対象となる方から、高学歴の方まで幅広く、特性も個々に異なるという特徴があります。著者がお会いしている方々は発達障害のある方の中でもほんの一部の方々かもしれませんが、皆さん苦手なことはあっても、ある部分では卓越した能力を持つ方も少

なくないと感じています。

　昨今発達障害が知られるようになったとはいえ、これができない、あれができないということばかりが知られ、本来の能力が見過ごされているように感じられます。本書では発達障害のある方々の優れた能力にスポットを当て、その卓越した能力を持ちながらも十分に活躍できないのはどのような理由によるのか、事例を交えてご紹介していきたいと考えています。また、事例をご紹介することにより、何故自分はうまくできないのかと悩んでいた方にとって、何らかのヒントになるかもしれません。

　本書では発達障害についての専門的な知識を持たない方が読んでわかりやすいように、具体的な状況や場面で現れやすい発達障害のある人の行動から、その方の困りごとを読み取り、理解につなげることを目指しています。そのためには必要最小限の発達障害に関する情報は説明しますが、いくつかのエピソードを紹介しながら、その中の発達障害のある人の行動がどういう理由によるものなのかを一緒に考え、理解を深めてもらう形式を取りたいと思います。本書がすでに社会に一歩を踏み出し、自分の特性と向かい合いながら工夫を重ねつつ、苦労して就業している発達障害のある方々がさらに活躍するためのヒントとなれば幸いです。

テスコ・プレミアムサーチ株式会社

石井京子

目次

はじめに

第1章　多様な人材の活用　1

　ダイバーシティ経営とは　2
　職場とワークライフバランス　3
　管理者に求められること　4
　働きやすい職場とは　5
　望ましい支援とは　6
　合理的配慮について　8
　周囲の対応と声かけ　14
　他の社員の疲弊を防ぐために　17
コラム　企業だって悩んでいる！　吉澤 功　23

第2章　発達障害と二次障害　29

　こころと不安　30
　認知の偏りと発達障害　35
　発達障害の診断ができる専門医　39
　発達障害と二次障害の治療　42
　復職時の医師の意見　45
　働きやすい職場への意見　48
コラム　長期休職中の方のリワーク　森山史子　55

第3章　就職活動と社会に出てから　61

　村上由美の就職事情　62
　就職活動で苦労したこと　65
　不合格体験　69

　　　　　相談できる人の見つけ方 ……………………………… 73
　　　　　社会に出てから ………………………………………… 77
　　　　　体力・気力への対応 …………………………………… 80
　　　　　変化への対応 …………………………………………… 82
　　　　　余暇の過ごし方 ………………………………………… 84
　コラム　発達障害のある子どもたちの学習指導　渡邊典子 … 87

第4章　採用に関わる留意点 …………………………… 93

　　　　　当事者が抱える悩みや不安 …………………………… 94
　　　　　社会のことを知る ……………………………………… 95
　　　　　自分の特性を知る ……………………………………… 97
　　　　　支援者との連携 ………………………………………… 99
　　　　　できること・できないこと ………………………… 101
　　　　　見えない将来像の構築 ……………………………… 103
　　　　　就職活動の進め方 …………………………………… 105
　　　　　職場で働くことの意味 ……………………………… 110
　　　　　障害を持って働くということ ……………………… 112
　　　　　仕事の仕方 …………………………………………… 114
　　　　　専門性の高い仕事に就きたい ……………………… 116
　　　　　職場内での配慮 ……………………………………… 118
　　　　　支援の中身 …………………………………………… 121
　コラム　就労移行支援事業所の就労後のフォロー　佐藤智恵 … 124

第5章　就業中の発達障害の人の相談から ………… 129

　　　　　発達障害の人と仕事 ………………………………… 130
　　　　　実際の仕事 …………………………………………… 132
　　　　　仕事を選ぶときの二者択一 ………………………… 138
　　　　　能力を活かす ………………………………………… 139

苦手さのエトセトラ …………………………………………… 140
　画像で思考する人 ……………………………………………… 144
　言語・事実で考える人 ………………………………………… 146
　特性の出やすい場面 …………………………………………… 148
　自分の体力との付き合い方 …………………………………… 152
　プライベートの充実を ………………………………………… 153

第6章　発達障害の人の活躍のために …………… 155

　発達障害の人と正義感 ………………………………………… 156
　字義通りの言葉の理解 ………………………………………… 157
　発達障害の人とコミュニケーション ………………………… 158
　発達障害の人と想像力 ………………………………………… 164
　早く教えて欲しかったこと …………………………………… 169
　変化への対応 …………………………………………………… 173
　欲しい支援はどこにある？ …………………………………… 177
　当事者・企業・支援者の関係 ………………………………… 179
　いま必要なこと ………………………………………………… 182

おわりに

多様な人材の活用

ダイバーシティ経営とは

　人材の多様性を意味する「ダイバーシティ」の概念は、雇用の機会均等を目的として女性やマイノリティの積極的な採用、差別のない処遇を実現するために米国で生まれました。その概念はさらに広がりをみせ、多様性を受入れる考え方として使われています。日本では人種や宗教ではなく、性別や価値観、ライフスタイル、障害などの面で取り上げられる傾向にあります。

　わが国では、少子高齢化による労働人口の減少が目前に迫ってきています。人材確保の観点から企業は経営戦略としてダイバーシティ推進を掲げ、女性や外国人、高齢者、障害者などの多様な人材の活用を模索しています。さらに、多様性を組織に取り入れるだけでなく、人材のモチベーションを高める職場環境が必要だという「インクルージョン」の重要性が認識されつつあります。多様な人材が受容され、かつすべての社員が公平に組織に参加できる職場づくりが実現すれば、組織への帰属意識が高まり、離職率の低下と生産性の向上につながるはずです。

　安倍政権は成長戦略の柱の一つに「若者・女性・高齢者等の活躍の機会の拡大」を掲げています。もちろん国としてこの仕組みを構築するのは重要なことです。しかし、若者・女性・高齢者以外にも職場で不安を抱えながら働く人々は大勢います。障害者、難病患者、がん体験者、メンタルヘルスケアの必要な人も安心して働ける環境が必要です。自分の健康問題ではなくとも、家族や親の病気や介護により就業が脅かされることもあるでしょう。企業は、さまざまな事情を抱える社員を長期にわたって雇用し、適材適所でその能力を有効に活用する責任があります。

職場とワークライフバランス

　かつて高度成長期と呼ばれた時代には「企業戦士」という自分のことも家庭のことも二の次で、企業のためにがむしゃらに働く社員がいました。最近では、仕事をする以外にも自分のやりたいことを大切にしたいと考える人たちが増えてきています。とりわけ20～30代の社員は、仕事以外にも趣味やスポーツ、旅行、勉強などの自己啓発、ボランティア活動などやりたいことが多々あります。また、育児や介護などで仕事をする時間に制約のある社員も増加傾向にあります。そのような中、今までのような働き方を見直して、すべての社員（育児や介護のために配慮を必要とする特定の社員だけを対象とするわけではない）が仕事と生活の調和「ワークライフバランス」を実現できるよう、支援することの重要性を理解する企業も増えてきています。

　日本ではかつては長い時間働くのをよしとする風潮もありましたが、今後は時間を有限な経営資源と捉え、有効に活用するマネジメントへの転換が求められています。そして、ワークライフバランスを実現するためには、管理職の一人ひとりの部下に対する理解とマネジメント能力がさらに求められることになります。管理職の最大の職責は、仕事の目標の提示、能力開発の支援、仕事意欲の向上支援と言えます。各々の部下のライフスタイルや健康、部下の家族や親の健康などさまざまな要素も考慮したうえで、最適なアドバイスを行っていかなければなりません。また、今後は多様な人材の活用が推進されていく中で、発達障害のある社員のライフスタイルについても理解を深める必要があります。特性を理解し、戦力として活躍してもらわなければならないからです。

管理者に求められること

　組織の中では管理者が管理者として機能して初めて全体に対するマネジメントが働きます。管理者の役割は一つの組織の中で多様な人材が共通の目標・価値観を持ち、協同で成果を上げられるようにすることです。管理者が業務に関して、知識や技能、見識を持ち、最終的に責任を持つことは当然です。さらに企業目標を理解し、目標達成のためにはすべてのスタッフがわかるようになるまで仕事を教えなければなりません。自分の部下の性格や特性、能力などを理解して管理することも必要です。そして部下の育成に関しては、部下に仕事に対するやりがいを持たせると同時に、部下に対して十分なバックアップをすること、部下が安心して業務に専念できる環境を作ることも重要です。

　このように管理者のやるべきことを改めて確認すると、管理者が部下の一人ひとりをしっかり理解し、適切な対応を取ることができれば、発達障害のある社員にも活躍の場が十分に提供されるように思えます。しかし、現実はそんなにうまくいかないようです。その理由としては、管理者といえどもプレイングマネジャー（部下の育成および指導などを行うマネジャーとしての役割と、売り上げに貢献する現場のプレーヤーとしての役割をともに担う地位）であることが多く、プレーヤーとして相当な業務量を抱え、日々の部下の育成・指導に割ける時間が大変少ないことが想像されます。また、誰もが忙しく慌ただしい職場では、何らかの悩みを抱える発達障害のある社員の話を聞き、相談に乗れる環境とは言い難いのでしょう。しかし、だからこそ丁寧に話を聞くことが大切なのではないでしょうか。

働きやすい職場とは

　発達障害のある人の「働きやすさ」とは何か？ それは、まず仕事を進めるにあたって「先の見通しが持てること」「業務内容が具体的に説明されること」が重要です。そのためには、作業マニュアルやスケジュール表を事前に作成することが有効です。また、配属先の上司または社員の対応が発達障害のある人の働きやすさに大きく影響します。そこで、業務上のコミュニケーションを取る際には、あいまいな表現は避け、具体的に指示を行い、担当の業務については仕事の量と質に至るまで細かく決めておくのがよいとされています。もし業務をうまくこなせていないようであれば、特性に応じた作業の細分化も必要になります。

　発達障害のある人が職場で活躍する環境には、配属先の上司をはじめとする部署のスタッフの知識と経験があるに越したことはありませんが、何よりも特性への配慮とおおらかな心が欠かせません。

表1 発達障害を持つ社員に必要な配慮

仕事の進め方	・作業マニュアルやスケジュール表をつくる ・仕事の量と質を確保する ・目標設定をする ・複雑な作業は工程を細分化する
コミュニケーションの取り方	・あいまいで抽象的な表現はさけ、具体的にいう ・マナーや慣習もわかりやすく示す ・指導や注意はできるだけおだやかに

出典：星野仁彦『私は発達障害のある心療内科医』マキノ出版，2013年，より抜粋

第1章 多様な人材の活用

望ましい支援とは

✓ キーパーソンが不可欠

　発達障害のある人は仕事の能力とは別の部分でうまくいかないことがあり、悩みやストレスを抱えやすいことが知られています。また、自ら相談することが苦手な人も多く、採用して間もない社員には、仕事を教える指導係の他にキーパーソンをつけておくのがよいとされています。

　このキーパーソンとは何か。それは、本人の特性や勤務状態などをよく理解して気軽に相談に乗り、助言ができる人のことです。一般的には職場の直属の上司やグループリーダーなどがこの役割を担うことが多く、専任のカウンセラーが置かれている場合もあります。5名以上の障害者を雇用する事業所では、障害者職業生活相談員を選任することが法律で定められています。この相談員は職務内容や作業環境などについて障害を持つ社員から相談を受けたり、指導したりすることになっていますが、実際には職場のリーダーが相談を受け、対応しているのが実情です。

✓ 専任者をおく

　職場に発達障害のある社員を仮に5名以上受け入れるとします。必ずしも大がかりな組織を作る必要はありませんが、専任の担当者を決めておくことは重要です。一般的には、5～7名の社員に対し1名の専任のキーパーソンを設置するのがよいとされ、このキーパーソンに対しての職場の理解とバックアップも大切な要素になります。

発達障害のある人の中には些細なことがきっかけでストレスを抱えたり、不安感から体調不良になったりする人もいます。ストレスや不安は極力早めに解消することが好ましく、そのためには時間をかけてじっくり社員の悩みを聞く必要があります。

障害の開示－本人の意向を確かめる

発達障害のある社員の採用が決まり、配属先が決定された段階で、職場のどの範囲まで発達障害を開示するかの話し合いがあります。障害の開示については本人の意向を尊重すべきですが、発達障害のある人の多くは過去の職場で苦労した経験から、少なくとも職場のチームのメンバーには障害を開示することを希望するでしょう。業務上他の部署とのやりとりが発生する場合は、配属先の管理者と当事者の話し合いにより、開示する範囲を広げることがあるかもしれません。

一般就労経験の長い人については、管理者の判断で職場の社員に障害を開示しないこともあります。ただし、直属の上司や指導係は、通院や残業の取扱いについて他の社員に説明できるようにし、本人が職場で孤立しないよう注意を払う必要があります。

ナチュラルサポートを心がける

発達障害のある人の中には、あれこれ気を遣われすぎると、逆に特別扱いされているように感じてしまう人もいます。周囲が発達障害のある社員の就業継続のために必要なさまざまな支援を、自然に提供できればそれに越したことはありません。周囲が障害について知らなくとも、上司が折りに触れて声をかける程度で十分な人もいます。

合理的配慮について

　発達障害の特性から職場で配慮が必要と思われる事項を①運動・行動上の制限、②時間的な制限、③コミュニケーションの制限の順に考えてみます。

✓ 通勤に関する配慮

　発達障害のある人の中には通勤時間帯の混雑した電車に乗ると、感覚過敏などが影響して強いストレスを感じる人がいます。その場合、通勤経路については最短ルートではなく比較的空いている迂回ルートを希望する人もいるかもしれません。企業によっては会社で指定する通勤経路（最短）の通勤手当を支払う規程がある場合もあります。通勤手当は規程の通勤経路に基づく額しか支払われないけれども、自己の判断で迂回ルートを使用するのは構わないと回答する職場もあるでしょう。

図1　障害の特性から配慮すべき点

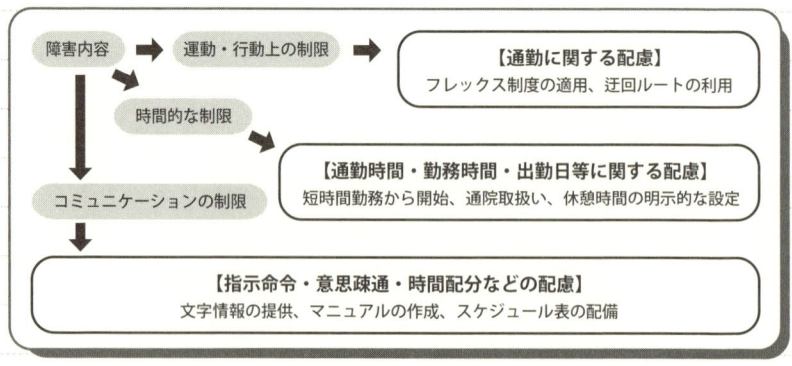

勤務時間や出勤日などに関する配慮

● 勤務時間

　障害者雇用枠の求人はフルタイムの求人が大多数ですが、体力がないという理由で希望すると勤務時間の短縮に応じてくれる企業もあります。全体からすると、短時間勤務の求人は大変少ないと言えます。障害者雇用では常用雇用として週30時間以上の勤務が求められています。週30時間以上勤務する障害者は一人につき1ポイント（重度の身体・知的障害者は2ポイント）、週20時間以上では一人につき0.5ポイントとして障害者雇用率にカウントされます。短時間勤務で2名雇用するよりは、週30時間以上の勤務者を1名雇用したいと企業は考えます。そのため、週30時間以上は勤務して欲しいと言われることが多いでしょう。

● 出勤日

　一般的にフルタイム勤務は月〜金曜日の週5日間の出勤ですが、週30時間勤務の場合は1日あたり6時間×5日間＝週30時間を就業時間とする働き方が多いようです。あるいは週4日間の勤務で、1日あたり7.5時間×4日間＝週30時間と設定することもあります。定期的な通院回数の多い人は月に1〜2日を通院のための勤務免除日として雇用契約の中に盛り込むこともあります。

● 通院

　発達障害のある人の中には、月に1回程度通院している人もいます。土曜日や夜間対応している病院への通院であれば勤務に影響はありませんが、平日に通院しなければならない場合は勤務先の規程に従います。通院のための休暇が制度としてあれば、休暇を願い出ます。通常は有給休暇を取得しますが、半日単位あるいは時間単位で有給休暇を取得できる規程があれば、効率的に取得可能です。

● 時間外勤務

　発達障害のある人の中には体力のない人がいます。時間外勤務への配慮が必要な人は前もって申し出ます。職場の全員が常に時間外勤務をするような職場では、先に退社することは気が引けるかもしれませんが、体力的に時間外勤務が厳しいことを医療者の意見として伝えておくとよいでしょう。

 コミュニケーションに対する配慮

● 指示

　あいまいな表現を避け、具体的に指示してもらいます。「あれ」「これ」「それ」などの代名詞を避け、仕事の質や量についても具体的に伝えてもらうとよいでしょう。提出期限も「できるかぎり」ではなく、「○日の○時までに」と明確に伝えてもらうよう依頼しておきます。提出期限が明確でない場合は、自ら締切りを確認することが大切です。

　一度に複数の指示を受けると混乱しやすい人は、一つずつ指示を出してもらえるようお願いします。口頭の指示で情報が漏れやすい人は文字情報でもらう、あるいは実際に模範を示してみせてもらうなど、自分にとって最も効果的な方法を依頼します。

● 意思疎通

　仕事を開始してしばらくの間は、マンツーマンでの指導がよいとされています。さまざまな人に指導された場合、その指示が少しでも異なっていると誰の指示に従えばよいのかわからなくなり、混乱してしまうからです。一般就労経験のある人でも3人以上との会話は話の筋を追えなくなり、難しいと言われます。なるべく静かで落ち着いた環境で、少人数での会話が好ましいと言えます。

発達障害のある人の中には、就労経験のある人でも過去の失敗体験から仕事を続けていくにあたって不安を感じる人がいます。不安が強すぎると仕事によい影響を与えません。また、職場の人たちとのコミュニケーションに苦手さを感じている人もいますので、状況に応じた支援の必要性があります。社内で本人をよく知る上司や人事担当者がゆっくり話を聞く機会を設け、本人の話を聞き出すことで不安を解消できる場合もありますが、状況によって外部の支援者をつけるのもよいかもしれません（外部機関の支援については p.177 〜 p.181 を参照）。

感覚過敏に関する配慮

● 視覚過敏
　入口側や通路側の座席は人の出入りが多いため、発達障害の方全般にとって気が散る原因の一つとなります。視覚過敏のある場合は目の前の壁や衝立などにカラフルなポスターがあるだけでも気を取られてしまいます。視覚に入るものや背景も考慮して座席の配置を考慮してもらいます。また、光の感受性が強い人の場合は窓際の陽があたる席は避けるのはもちろんですが、蛍光灯の光さえ眩しく感じる人は工夫が必要です。
【ツール】光の感受性の問題で文字がブレて正しく読めない、単語を読み飛ばす、数字を見間違えるなどの困難を抱えている人もいます。このような人は、色のついた「アーレン眼鏡」で調整できる場合もあります。
【その他】パソコン画面のコントラストが強すぎると感じる人もいます。職場で個人に貸与されている端末であれば、自分で色の調整を行えます。また、白い紙に黒のインクの印刷物について刺激が強いと感じる人は、薄い色のついた紙に印刷すると刺激を多少軽減できます。各々の工夫で対処します。

第 1 章　多様な人材の活用

● 聴覚過敏

　大きな音が苦手な人、周囲の騒音が苦手な人は少なくありません。聴覚過敏の程度によりますが、必要であれば座席の配置などの考慮をお願いします。個々の職場環境にもよりますが、事務系の職場で考えられるのは、人が出入りする通路側、プリンターやコピー機の側はさまざまな騒音が発生しますので、できれば避けてもらいましょう。人によっては空調機の音さえも気になるという人もいるかもしれません。職場によっては電話が数多くかかってくる部署もあるでしょうし、ＢＧＭが流れている場所もあるでしょう。聴覚過敏が強い場合は「そのうち慣れる」という発想では解決しません。物理的に静かな環境の座席に配置してもらうか、音を軽減するためのツールを利用するかのどちらかになります。

【ツール】職場の環境やスペースの問題で、必ずしも最適と思われる場所に座席を配置できない場合もあります。物理的な調整が困難な場合は騒音を軽減するためのツールとして、ノイズキャンセリングイヤホンや耳栓の着用の許可をお願いしてみましょう。

● 感覚過敏

　発達障害のある人は日常生活でさまざまな刺激にさらされています。なんらかの感覚過敏を持つ人に対しては絶対に驚かせないという対応が大切で、いきなり大声で叱りつける、突然肩をたたく行為は避けてもらわねばなりません。

　一方、感覚過敏に対して感覚鈍麻というケースもあります。どんな場合でも、できる限り余裕を持って接してもらうことが大切です。呼びかけのマナーとして、いきなり後ろから呼びかけたり肩をたたいたりせずに、横からのぞきこむなどの意思表示をしてから声をかけてもらいます。

　感覚過敏は疲れやすさにもつながります。視覚過敏の人は他の人の何倍もの視覚情報が瞬時に飛び込んできます。常に情報の取り込みが過多

となっているので、一日の勤務時間を過ごすのがやっとで疲れ果ててしまう人もいます。実際に帰宅したとたんに倒れこむようにして、動けなくなる経験をしている人の話も聞きます。常に体力に負荷がかかりますので、個々のライフステージにより、時間外勤務の配慮や場合によっては短時間勤務も検討する必要があるかもしれません。

　大勢の人と一緒に過ごすのは疲れてしまうという理由に加え、雑談が苦手で、体力を温存するために昼休みは一人で過ごしたい人もいるでしょう。発達障害のある人の中にはほんの些細な、周囲が思いもしない理由により、見た目にはわかりづらいけれども想像する以上に疲労している人がいることを上司や職場の方々に理解してもらう必要があります。

その他特性への配慮など

　仕事上での影響としては視覚、聴覚の過敏が最も顕著ですが、その他にも嗅覚、触覚、味覚など、過敏性の現れ方はさまざまです。

　仕事に直接関係のないことですが、触覚過敏の人はちくちく感じる衣類を身に付けられない、などがあります。ちくちくする原因になるような衣類のタグを取り外したり、洗いざらしのシャツを着用するなどの工夫をしている人もいます。締め付けられていると感じるものにはネクタイやベルトがありますが、これらを身に付けないでもよい職場（カジュアルな服装が許される業界）を選んでいる人もいるようです。

　視覚認知の乏しい人の中には文字の読み書きに問題はなくとも、地図が読めない、あるいは距離感がわからないなどの苦手さを持つ人がいます。初めての場所に行くときに迷ってしまったり、手先の作業が苦手なことがあるかもしれません。職場では特性の一つとしておおらかに受け止めていただきたいと思います。

周囲の対応と声かけ

就業開始時の不安の解消

　発達障害のある人が働き始めるとき、会社も本人も不安を感じるのが一般的です。特に過去に失敗した経験を持つ発達障害のある人には、「また失敗するのではないか」という不安な気持ちが強く表れます。

　そこで、本人をよく理解している支援者がいると、本人も配属先の社員も安心します。就労支援機関などから専門の支援者を導入し、就業開始から定着までの支援をお願いすることもできます（就労支援機関による支援については p.177 を参照）。外部からの支援者がいない場合は、配属先の専任の指導者あるいは人事担当者がその役割を担うことが多いと思います。就業開始から 1 ヶ月程度は時間を割いて、本人の些細な不安にも耳を傾けるよう心がけます。周囲から見れば些細な事柄かもしれませんが、発達障害のある人にとっては不安で仕方がない場合があります。そのため、環境に慣れるまでは丁寧に話を聞く時間を設けましょう。

むやみに「頑張れ」と言わない

　発達障害のある人の中に多くみられる特徴として、ストレスやプレッシャーに弱いということが挙げられます。周囲からの励ましの言葉もその内容や本人の状況によってはさらなる重圧を与えることがあるので注意します。その具体的な事例を一つ紹介します。

　Bさんは自分が周囲の期待通りに仕事ができているか、いつも不安に

思っていました。発達障害のある人は気持ちのうえで常にぎりぎりの状態にいます。上司に「自分が思っているよりもできているよ。もっとできるはずだから自信を持って頑張って」と言われ、これ以上どうやって努力したらよいのかと思うと余計不安が募り、涙が出てきてしまいました。この「頑張れ」という一言は状況にもよりますが、ストレスやプレッシャーを与えてしまう可能性があります。一人ひとりの特性や状況、心情を十分に理解したうえでの適切な声かけが求められます。

声かけは具体的に

　発達障害のある人は抽象的な質問に関してうまく答えられないことがあります。抽象的な質問をするよりも、「はい／いいえ」で答えられる質問のほうが答えやすいと思われます。

● 漠然とした質問

職場の人：「調子はどう？」

本人：「……」

● 具体的な質問

職場の人：「ちゃんと眠れていますか？」

本人：「はい、眠れています。毎日 12 時前には寝るようにしています」

　このように漠然とした質問よりも具体的で答えやすい質問をすると、発達障害のある人も自分の状況について率直に話してくれるはずです。

望ましい関係づくりの方法

　新入社員との交流を深めるための手法として、一般的には昼休みに食事を一緒にとり、雑談をする機会が持たれます。しかしながら、発達障

害のある人の中には仕事以外でのコミュニケーションが苦手なため、昼休みを一人で過ごしたい人もかなりいるのが事実です（p.158）。雑談が苦手と感じる人に対して、無理に昼休みを一緒に過ごそうという申し出は禁物です。昼休みを一緒に過ごすより、就業時間中に業務に関しての意見交換の機会を短時間でも持つのがよいでしょう。

できていることを伝える

　傍から見ると仕事がきちんとできているようでも、本人は「自分は仕事がきちんとできているのだろうか」「周囲の人は自分をどう見ているのだろうか」「自分は役に立っていないのではないだろうか」「上司は自分のような部下を持って負担に思っているのではないだろうか」など、さまざまな不安を抱えている場合があります。

　不安を解消するためには「ちゃんとできているよ」「自分が思うよりもできているよ」のような漠然とした内容を伝えるより、「ここは確実にできています。この部分はこのように処理してください」「この作業はこの部分を何日までに完成させます。残りの部分についてはこうしてください」と具体的に伝えるほうが、発達障害のある人にとっては次の目標を持つことができるのでうれしいはずです。

　上司や周囲の人は部下の健康状態はどうか、不安を感じていないかに気づくことはもちろん大切ですが、日々の業務でできていることを具体的に指摘することが本人の安心と自信につながります。さらに、次の目標も示してあげるのがよいでしょう。また、その業務が最終的には全体の業務にどのように関わっているかを伝えると、本人の仕事に対するモチベーションが高まります。発達障害のある人は仕事ができていることを自覚することで、自信とやりがいを感じて活躍できるのです。

他の社員の疲弊を防ぐために

指導・育成に関わる方々に向けて

　発達障害のある社員の受入れに関しては、受入れる部署の対応はもちろんですが、指導する社員へのフォローも重要です。

　一般的に障害者雇用枠での採用の場合、最初に人事担当者が面接をし、次に配属先の管理職による面接を経て、障害のある人の採用が決まります。採用面接は人事担当者の主導で進みますが、採用後は配属先の部署に指導・育成を任せることが多いと思います。障害者雇用枠での採用は新卒の大量採用と異なり随時採用となるので、同期入社の社員がいることは少なく、通常は配属先の社員からマンツーマンでの指導が行われます。もちろん現場での受入れについてはその部署の部長、課長などの管理職が人事担当者とともに話し合いを行い、どのような業務を担当してもらうかを決めて、その業務を指導する社員に発達障害のある社員の受入れと指導・育成を依頼します。そうすると、発達障害のある社員の指導役を命じられた現場の社員一人に仕事の指導・育成のすべてが任されることになります。

現場のとまどい

　人事担当者は障害者雇用を進める役柄として、多数の障害を持つ求職者と面談し、特別意識しなくとも障害者雇用に関する知識が蓄積されていきます。社外や社内の情報も集まってくるでしょう。しかし、現場の

第1章 多様な人材の活用

担当者は人事担当者ほどに障害についての知識・情報を持っていることは稀です。しかも発達障害の特性は個々に異なります。職場での受入れにあたり、人事担当者から障害の内容と欲しい配慮について簡単な説明を受けたとしても、実際に職場のどのような場面でどのような影響が出るか、実際に業務を始めてみないとわからないかもしれません。指導を始めてみて、当初自分の考えていた発達障害の理解とは異なり、考えていた通りにはいかないということはよく起こり得ることです。

「先輩の背中を見て」は通用しない

　特に発達障害のある社員を初めて受入れたとき、指導役の社員が自分の経験からの判断を根底に指導してしまうと、当然のことながらうまくいきません。「自然に覚えていく」「先輩の仕事をする姿を見て学ぶ」などの従来の考え方では機能しないことがわかると思います。
　その行き違いの最大の原因は、発達障害について十分な知識を持っていないことだと思われますので、指導役の社員は発達障害の特性について理解するだけでなく、どのように対応したらよいかまで知っていることが望まれます。時によっては特性に対しての理解不足により、適切な対応が行われないまま、指導役の社員が発達障害の特性に振り回されて疲弊してしまうということがあります。

指導役の社員の苦労を労う

　就労を開始した新しい職場で、発達障害のある人は思うように仕事が覚えられず、仕事を続けられるかどうか心配で仕方がないかもしれません。一方、初めて発達障害のある人を指導することになった社員は、幾

度となく教えても覚えてもらえないとなれば困り果ててしまうに違いありません。

　職場の管理職は指導役の社員一人に発達障害のある社員の指導・育成を押しつけるのではなく、部下である指導係に発達障害のある社員の状況を折に触れて聞いたり、仕事の定着ぶりについて確認したりする必要があります。さらに指導役の社員の苦労を労わり、時間を設けてゆっくり話を聞くのも有効な方法です。社内全体でも発達障害についての啓発を行い、チーム全体で発達障害のある社員を理解し、見守り、成長させていかなくてはなりません。指導係一人に任せきりで、その社員を疲弊させてしまってはならないのです。

【事例１】「仕事を一度で覚えられない」

　広汎性発達障害のＡさんは初めての障害者雇用で企業に採用されました。受入れに際しての職場での配慮は①口頭の指示を聞きとる力が弱いのでマニュアルを用意、②軽い聴覚過敏のため、静かな座席への配置でした。Ａさんのために特別にマニュアルの用意がされ、マンツーマンでの指導を受けたにもかかわらず、Ａさんは最初の一週間はいくら教えられても仕事の内容がわかりませんでした。そのため、指導係に仕事が覚えられないのは「能力がないからでは？」と思われてしまいました。

　発達障害のある人のためのマニュアルは簡単でわかりやすいものが効果的ですが、用意されたマニュアルは説明書きが長く、発達障害のある社員には大変理解しにくい様式でした。長文の読解が苦手なＡさんにとっては、業務フローや図を多用する様式が合っているようでした。結果として、Ａさんは他の人の協力を得ながら、自分用にマニュアルを作り直しました。100ページ以上にもおよぶそのマニュアルはＡさんにとって決して手放せない宝ものですが、自分でマニュアルを作成したことに

より、業務に対する知識が深まりました。

　Aさんの場合は、ワーキングメモリー（短い時間に心の中で情報を保持し、同時に処理する能力）の領域が少ないという問題を抱えていたため新しい仕事を覚えるのに苦労したのですが、一度で覚えられないから能力が低いということにはなりません。短期記憶は弱くとも、長期記憶には問題はありません。繰り返し、繰り返し行うことにより作業は身につき、長期記憶として保存されます。一度覚えたことは正確に忠実に実行します。仕事を覚えるまでに多少時間がかかるかもしれませんが、慣れてくれば一人で業務をこなせるようになります。

【事例2】「度重なる質問」

　就業経験の豊富なBさんは新たに入社したC社の配属先で過去に経験していた専門業務を任されました。Bさんは細かい部分が気になり、そのたびに指導係の社員に質問せずにはいられません。度重なる質問（指導係の社員にとっては些細と思われる質問）の繰り返しでしたが、その指導係の社員は根気よくつきあってくれていました。しかし、延々と続く細かな質問に何度も回答しなければならないこと、しかも対応には時間がかかるために指導係の社員は自分の担当業務にも影響をきたすようになりました。普段は他の人の気持ちを察することが苦手なBさんですが、さすがに、その指導係の社員に嫌われてしまったように感じられました。それはまったく口を聞いてくれなくなってしまったからです。

　Bさんのケースのように指導係の社員が自分の担当業務を持ちながら、新しく配属された社員の指導を行うことは珍しくありません。しかし、全員がそうだとは言えませんが、発達障害の特性をよく理解していないと、非常に手がかかる面倒くさい社員と思い込んでしまい、指導係と発達障害のある社員との間に不和が生じてしまうことがあります。

この場合、管理職が指導係の社員から度々話を聞き、適切な対応について話し合う必要があります。さらに管理職は指導係の話を聞いたうえで、指導係が担当業務に加え、新人の指導・育成の役も担うため、負荷を感じているようであれば十分に労わなくてはなりません。また、Bさんからも話を聞き、Bさんの状況を自ら確認しなければならないでしょう。一方からだけ話を聞いて状況を判断してはなりません。さらに、職場の他の社員にも特性理解を促し、Bさんと指導係の関係が悪化しないよう、その結果Bさんが孤立してしまわないよう気配りが求められます。もし関係が悪化し、残念な結果を招いてしまったとしても指導係の社員と発達障害のある社員との相性が合わなかっただけでは済まされません。受入れる以上は会社として発達障害のある社員を指導・育成し、戦力になる人材として活躍してもらわなければならないのです。一人の社員の努力ではなく、部署、そして全体で取り組んでいく必要があります。

【事例3】「上司の交代」

　発達障害のある人の中には、一般就労か障害を開示しての就労かは問わず、おおらかな上司のもとでは仕事を続けていけたけれども、その上司が人事異動で代わったところ、うまくいかなくなった経験を持つ人が少なくありません。「新しい上司からは細かい部分まで口を出され、そのたびに叱責され、不安とストレスが募っていった」と心療内科を受診するに至った経験について語る人もいます。

　障害を開示しての就労でも「上司が交替したら引継ぎがされなかったようで、配慮がすっかり忘れられている」と話す人もいます。とはいえ、障害者雇用で採用した一人の社員の特性への理解がない不適切な対応が、企業経営における風評リスクにつながる可能性もないわけではありません。企業は「社会的責任」という高い理念のもとに、障害のある社

員への合理的配慮を行いつつ、障害者雇用を進めていく必要があります。障害のある社員、指導係の社員、その上司、そして人事担当者のそれぞれが風通しのよい関係を継続することが大切です。

部署を超えたコミュニケーション

このように、企業は採用した発達障害のある社員をサポートすることはもちろんですが、他の社員の疲弊についても十分に配慮し、問題が起こらないように、あるいは起きてしまった問題に対しては早急に解決を図らなければなりません。

部署内の調和は管理職のマネジメントの範疇であり、今後の管理職は従来のマネジメントに加え、さらに多様な人材に対しての適切な対応を求められるでしょう。そして一つの部署だけに責任を負わせることのないよう、人事担当者も障害のある社員と配属先の担当者との双方コミュニケーションを定期的に持つことが必要です。

図2 発達障害のある社員へのサポート

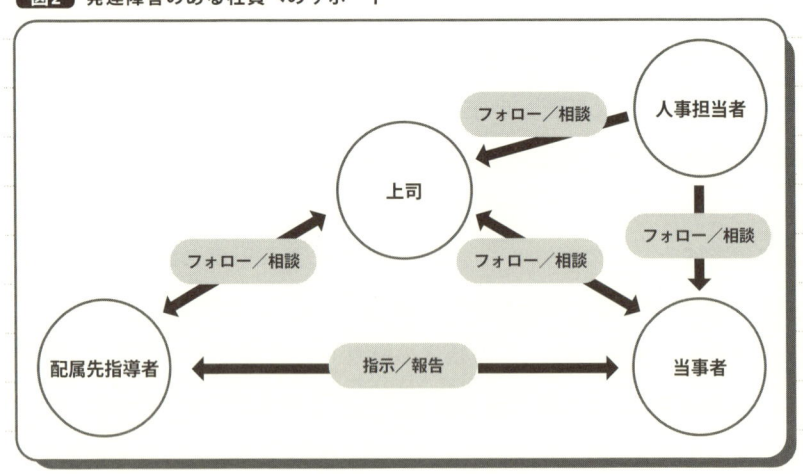

企業だって悩んでいる！
― 採用段階で、どこまで理解しあえる！?

（株）カネカ・クリエイティブ・コンサルティング 代表取締役　吉澤 功

　14年前だったと思います。

　当時、ある団体で就労支援の業務に携わっていた際、専門学校で働く知人から、卒業を間近に控えた、ある学生の就職活動支援をしてくれないか、との依頼を受けました。

　「厚生労働省編 一般職業適性検査」を実施。まったく歯が立たない様子。ご両親には、「通常の就職はかなり困難。専門医に相談してみてはどうか」と提案して相談を終了させていただきました。ご両親の不満そうな顔つきは今でも忘れられません。ろくに調べもせずに就職の指導に入ってしまった自分を、今では本当に恥ずかしいと思います。いったい自分は出会いのときに、お互いの何を確認しあったのか！！

　これが私の原点です。

◎ 採用に際してのスタンス

　現在在籍する会社は、派遣社員を中心に200人ほどの常用雇用者のいる企業です。障害者手帳を持っておられる方は精神・身体各1名で2.0人カウント。法定雇用率2.0％は未達という現実です。切り出せる業務は何か、どう業務を変えれば、どのような障害をお持ちの方に一緒に働いてもらえるか、悩みながらハローワークとも相談をし、面接をしています。

　「企業は採用過程で不合格者を決める行為をしている」と言ったら許せないでしょうか？ 実際にはわからないことばかりなのです。採

用後のさまざまな変化に耐えられる人が欲しいという本音。それを判定して選びたい。世の中に数ある障害者雇用に関する書籍や資料は、当事者あるいは支援者の立場の説明ばかりで、企業側の論理はタブーかのごとく、書かれていません。どうやって選ぶか、あるいは合否を決断する境目に何を置くか、迷いつつ面談している採用側の気持ちなど、うかがい知ることができないのです。募集要項にどんなに詳細に処遇条件や業務内容などが書いてあったとしても、最後は「人」です。抽象的ではありますが、「いい人」がいたら少々所定の処遇条件を変えてでも採用します。業務内容も人によって変わります。採用とはそういうものです。もちろん、採用後の役割変化の可能性と、採用時の提示業務を混同してはいけませんが…。

　企業に長く勤務していれば、多くの人がなんらかの形で採用あるいは面接という場面に接することがあります。その機会が多ければ多いほど、一定の自信や、自分のやり方などが身についてくるものですが、こと、障害者の採用となると、その経験が往々にして邪魔になることがあるのでは、と危惧しています。ベテランはどうしても自分の価値観、かくあるべし論、自己評価の基準に縛られてしまいがちです。それを否定するつもりはありませんが、ここは真摯に、期待業務と本人能力との間にある阻害要因（障害）に素直に対面したいものです。

　採用の段階ですべてがわかる訳ではありません。だからこそ、その前後において、支援センター等の専門家の協力を仰ぎます、細部にわたって指導をお願いします、議論をさせていただきます。

　外部の専門家の視点、判断、コメントを活用する。これに尽きますが、「活用する」という言葉が重要。任せるのではありません。採用後の労務管理という業務の中で、責任を持てるか否かの最後の見極めをコンサルタントにお任せするのは無責任な話。決めるのは、当事者

と企業です。もちろん事前に企業の意向、採用案件の意図を十分に整理して、専門家と共有しておくことが前提です。

◎ 基礎体力が一番

　採用後、現場では想定していなかったさまざまな問題が発生します。それらには、どんなに事前に訓練を受けても、活字で説明され理解しているつもりでも完璧な準備はできません。現実の方が遥かに変化に富んでいます。業務上の行動は周囲に教えてもらいながら、繰り返しの中で習熟していけばいいのです。それよりも、大切なのは日々の仕事を支える「体力」です。

　障害とされる個々の症状であったり、体調変化であったり、そのいくばくかは、本人の体力が救ってくれます。普通に行動し、変化に臨み、繰り返していくのは「能力」を語る前の「基礎体力」です。

　面接で「体力はありますか？」と聞かれて、どう答えますか？　聞く側の期待は、体力のあるなしよりも、基礎体力の必要性、症状を超えるために基礎体力の維持・向上に気を配ることの大切さに気づいているかどうか、何か自分で決め事を実行しているかどうかの答え。

　まずは規則正しい生活を。これも大切ですが、それこそ良く食べ、よく身体を動かし、平均の体重と筋力を蓄え、維持すること。能力はそれからでしょう。もちろん、その事が難しいことであるのも承知しています。

　加えて、新しい仕事に就いた際、プライベートの環境変化は出来る限り最小限にとどめて欲しいということ。仕事環境が変わり、季節が変わり、業務内容も習熟とともに変化する、その中でプライベート環境が変わる。これは健常者でも辛い。少なくとも半年は、生活環境を変えない努力をしていただきたく思います。

　失礼なお願いでしょうか。

◎ 採用する側（企業）の責任

　採用行為は、企業活動の中でも、比較的自由度の高い行為の一つです。

　しかし、その背景には、採用後における「雇用」の責任という重い義務があります。そして一番ポイントになるのは「安全配慮義務」でしょう。作業はもちろん、業務に関わる環境すべてにわたる広い配慮義務が企業にはあります。時には「これは無過失責任なのか！」と思うほど。それを超えて雇用を実現するのですから、企業は採用には慎重です。

　健常者であれ、障害者であれ、採用の判定は最終地点ではなくそこが始まり。お互いの＜信頼関係＞がスタートするわけですから、全人格的な評価は必須です。だから、面接ではいろいろなことを聞きます。さまざまな視点で本人を知っておきたい。可能な限り事前に「配慮」義務を検討したい。関係者に周知したい。である以上、信頼関係を崩すようなウソがあってはなりません。「経歴詐称」なんてもっての他。

　後から、「実はこうなんです！」、は最も避けたいことです。勤務中だけでなく「働く」ことに支障となる可能性があることなら、企業はあますことなく知っておきたいのです。すべて雇用義務・配慮義務と表裏一体なのです。

　実際の現場で、空間認知の弱さを事前にお聞きしていた当事者とご一緒した際、それが階段の上り下りや、段差での躓きに繋がることに気づかなかったことがあります。

　本人が足を捻挫したにもかかわらず何も言わない。でも後からわかる。こちらの認識の甘さもありましたが、これは労災にも該当する大きな企業責任問題。今では人任せにせず、当事者と一緒に「危険予知

訓練（KYT）」を徹底して実施しています。

　企業は雇用を大切にします。

　採用した以上は、雇用の法的な縛りもさることながら、その人の能力を最大限に引き出すことに努力します。指導があり、教育があり、異動があります。ルールがあり、評価があり、打ち合わせがあり、組織があり、上下関係があります。雇用は双方が持てる能力を出し合って一定の目的に向かって努力し合う仕組みです。

　その間、雇用は継続します。角度を少し変えれば、「自己責任」という言葉が双方に必要だ、ということでしょう。相手の責任でことを済まそうとしない。自己責任同志の＜戦い＞です。それだけに企業は採用時に人を＜選別＞します。それは健常者と何も変わらない企業側の要請です。

　法定雇用率もさることながら、多くの企業は障害者の雇用には前向きです。採用したいと思っています。継続して働いていただきたいと願っています。そのための採用面接なのですから、我々を信頼して臨んで頂ければと思います。

第2章

発達障害と二次障害

こころと不安

✓ なぜ不安を感じるのか？

　発達障害のある人は、なぜ不安を感じるのでしょうか？その原因は大きく二つに分けられると思います。一つは、発達障害自体が薬物などで治療できる疾患（障害）ではないため。もう一つは、発達障害により日常生活や社会参加（仕事など）が非常に難しくなるためです。

　発達障害には、現在の科学・医学をもってしても根本的に治療できる方法が残念ながらありません。もちろん、多動傾向など、特定の病態に効果のある薬物は開発されています。しかし、その治療は症状を抑えるだけであり、根本的な治療とは言えません（このような治療法を「対症療法」と言います）。といっても、対症療法により日常生活が改善し、社会参加が可能となるなど、生活の質が向上する場合も報告されています。発達障害のある人の中には、根本的な治療法がないことを強く意識し不安に感じ、治療自体を諦めてしまう人もいますが、もったいないと思います。治療は中途半端に諦めず続けるようにしましょう。また、根本的な治療がない疾患は身体疾患も含め多数あり、発達障害だけに限った話ではありません。病気や障害とうまく付き合って生きている人は数多くいますので、被害者意識を持ちすぎるのは控えましょう。

　さらに日常生活や社会参加が困難になるにつれ、抑うつや不安といった精神症状が生じるのは、他の疾患や障害でも同じです。例えば、骨折をして身体活動が制限されてしまうと、日常生活や仕事が思うようにできず、気分が落ち込み、元のように生活して働ける身体に治るのだろう

か、と不安になることは容易に理解できるでしょう。そう考えると、発達障害だけではなく、何かの疾患や障害を持つ人は、誰しも不安を抱えていることがわかります。にもかかわらず、発達障害の場合に不安が強調されるのはなぜでしょうか？

不安が強調されるのはなぜか？

　その一つの理由に、発達障害という病態自体が不安を生じさせている可能性が挙げられます。現在は発達障害の研究も進み、遺伝子のレベルも含め脳自体に問題（異常）があることが指摘されています。それも、複数の問題（異常）が脳に生じていると言われています。このような問題（異常）により脳内で不安を抑制／生成する機能が、定型発達の人に比べ、減弱／増強している可能性が考えられます。また、発達障害のある人は、他の精神障害を持つ人と同様に、ストレス負荷に抵抗する力が、定型発達の人に比べ、弱くなっていると考えられています。これに劣等感の強さと自己認識力の弱さが加わるため、定型発達の人の場合には何の問題にもならない出来事などをとても重く捉えてしまうのです。このストレス負荷の大きい状態が続くと、心身の症状が出現し日常生活にも支障が生じてしまいます。このような慢性的ストレス過多の状態も当事者にとっては、不安を生じさせる要因となり得ます。

　もう一つの理由に、発達障害によりもたらされる日常生活や社会参加への難しさが、定型発達の人から理解されないことが挙げられます。TPOというファッション業界で作られた和製英語があります。「T」はtime＝時、「P」はplace＝場所、「O」はoccasion＝場面を表します。一時、KY（空気が読めない）という言葉が流行りましたが、これはTPO、つまり時、場所、場面に相応しい行動や言動が取れない人のことを言い

ます。発達障害のある人は、まさにこのTPOに相応しい行動や言動を行うことを最も苦手としています。逆に、定型発達の人の多くは、このTPOに相応しい行動や言動を行うことを大切かつ必要と考えます。家の中で家族と、近所で親しい人と、趣味や習い事の場で仲間と、学校で先生や同級生と、職場で上司・同僚・お客様と、などTPOに応じた立ち居振る舞いやコミュニケーションの取り方が生活のあらゆる場面で要求されます。しかし、発達障害のある人は、それぞれの場面で器用にTPOに合わせられません。そのために、定型発達の人からは理解できないズレた人、いわゆる天然な人と認識されてしまいます。このズレが発達障害のある人の生きづらさや不安を生じさせているように思います（本シリーズにて詳しく記載）。発達障害のある人は、このズレが定型発達の人との間にあることを知っておくことが重要です。詳しくは次の項(p.35「認知の偏りと発達障害」)で述べますが、発達障害のある人の認知（物事の受け取り方や考え方）や感覚（視る、聴く、嗅ぐ、味わう、触る）は、定型発達の人とはかなり違っていると思っておいたほうがいいでしょう。

4つの不安

　いわゆる二次障害には不安障害も含まれますが、不安障害を生じる一つの原因は、このズレによると思います。不安と恐怖、不安と不安障害の違いについては本シリーズ第4弾『発達障害の人の面接・採用マニュアル』で述べましたが、不安や恐怖は危険から身を守るための脳の警戒・防御機能の一部です。日常生活の中で感じたとしても、病気とは言えません。しかし、この機能が過剰になり不安障害を発症すると、日常生活や社会参加に支障が出てきます。

今回は、医学用語としての不安を次の4つに分け、紹介します。

表1 4つの不安のタイプ

①精神的不安	物事を悪い方へと捉える心配、あるいは執拗なこだわりと言い換えられるもの。苦痛な性質をもつ侵入的な考え・思い・衝動といった体験も含まれる。通常、③の身体症状はあまりみられない。
②身体的緊張	体のあちこちの筋肉が凝るのが特徴。感情が高ぶっているときや心配しているとき、トラブル解決のために何ができるかいろいろ思いを巡らす。その過程で、予想される行動に即座に移れるよう筋肉を緊張させ身構える。その後、ただ考えるだけで何の動作も起こさなければ、緊張は解かれることなく張りつめたままになってしまう。そういった動作が抑制されることによりおそらく生じている。
③身体症状	動悸、手のふるえ、発汗、気が遠くなりそうな感覚、失神しやすい、そわそわと落ち着かない、ときにははっきりとした吐き気や下痢などの症状がみられる。呼吸も速くて浅い傾向（過呼吸）がみられ、この過呼吸が手足のヒリヒリ（ジンジン）とうずく・しびれる感覚、頭がクラクラする感じ、視覚の障害を引き起こす。
④解離性不安	③の過呼吸で生じた症状に関連するものとされている。 (1) 離人症（まるで自分自身から隔絶され切り離されたような感覚、自分で考えて体を動かしているような感じがしない） (2) 現実感喪失（周りの世界が現実だと感じられない。起伏がなく、すべてが舞台の上で起こっているような印象を受ける） (3) 体外離脱体験（離人症や現実感喪失と密接に関係） (4) 幻覚（聴覚性あるいは視覚性） (5) 繰り返し押し寄せる感情の高ぶり、繰り返すつかの間の激怒 (6) 自分を傷つけても少しも痛みを感じないほど、精神的あるいは身体的に麻痺しているような一過性の感覚 (7) 過去の出来事の健忘（その日の出来事、昔のエピソードについて）

出典：デイヴィッド・ヒーリー『ヒーリー精神科治療薬ガイド（第5版）』みすず書房，2009年．

　いかがでしょうか？ 発達障害のある皆さんが問題としている不安は、どれかに当てはまるのではないでしょうか？

　実際の治療は、**表1**の不安のタイプによりやや異なりますので、自分はどのタイプの不安が起こりやすいかを知っていることは大切です。また、不安障害は、こういった不安が起きる状況や場面により分類（診断）され治療が行われますので、不安が生じるTPOも知っておくべきでしょ

う。というのも、不安が生じる可能性のあるTPOを避けるだけで、不安が生じずに済むことが多いからです。

　しかし、このときに重要な問題があります。発達障害のある人は、定型発達の人とは、自分の内外で生じていることの捉え方が異なります。そのため、定型発達の人とは違った状況や場面において不安が生じます。そのような不安は、定型発達の人にとっては何でもない状況や場面で突然に生じるため、全く理解されません。先に述べたTPOのズレの問題がここでも生じてしまうのです。特に、仕事の場面では不安による症状が起きると業務に著しい支障をきたしますので、どういうTPOにおいて、どういった不安が生じるのかを知っておき、予め対処方法を検討して関係者に周知しておくことが必要です。

認知の偏りと発達障害

✓ 認知とは？

　「認知」という単語はさまざまな状況で用いられます。ここでは「物事の受取り方や考え方」という意味で用いることと定義します。

　定型発達の人でも、認知は人により違っています。例えば、100万円が手に入ったときに、うれしくてわくわくする人と、こんな大金どうしようと不安にかられて落ち着かない人がいます。また、数百人の人を前にして話をしなくてはならないときに、開き直ることができる人と、怖くて不安で一言も話せなくなる人がいます。このような認知の違いこそが、実は個人の性格や個性を生み出しており、また、人の生活に豊かさと多様性をもたらしているのです。

　しかし、一歩間違うと、この認知の違いのために、気が合わず一緒に生活や仕事をしづらくなり、いじめやパワハラなど相手からの標的になる場合があります。我々の暮らしている日本は、古来より「和を以て貴しと為す」の文化を持っていますので、他人との著しい違いはよいものと理解されません。そのため、さまざまな問題が起きる原因の一つに、認知の違いが関与している可能性を否定できません。つまり、定型発達の人においても、認知の違いというものが日常生活や社会参加の場で問題になる場合が多々あるのです。この違いは端的には、TPO（時、場所、場面）に相応しくない認知、あるいは期待されていない認知、と言っていいでしょう。定型発達の人は、小さい頃から家族・地域・社会の中でもまれることにより、TPOに相応しい認知になるように努力し、修正し

ていっているのです（ただし、修正の度合いは人によりさまざま）。これは「社会性を獲得する」という言い方でも表されます。

　発達障害のある人には、小さい頃から認知の偏りが認められることが調査・研究によりわかっています。これは、遺伝子のレベルも含め脳自体に複数の問題（異常）が生じていることが原因です。この問題（異常）は、生まれながらに有していると考えられますので、早期から療育などにより働きかければ修正はできますが、完全に治療することはできません。もちろん、根本的な治療方法も見つかっていません。となると、この問題（異常）には一生涯付き合わなくてはならないことになります。では、定型発達の人との認知における違いは何でしょうか？

認知における違い

　その違いは、家族・地域・社会の中でもまれても、TPOに相応しい認知には、なかなか修正できないことです。というのも、まず大前提として、家族・地域・社会の中で、もまれているということを認知することがなかなかできません。発達障害のある人の問題として認知される行動や言動に対し、周囲からはいろいろな働きかけが行われるのですが、当の本人は、それが働きかけだとは捉えていません。本人からしてみれば、単に普通のことをしていると思っていますので、周囲が反応していることさえ気づきません。もし気づいたとしても、なぜ周囲がそういう反応をしているのか、多分理解できません。たとえ理解できたとしても、周囲の人々の理解と本人の理解との間には、大きな隔たりがあることがほとんどです。そのため、周囲から働きかけたとしても、自らその働きかけに応じようとすることは稀です。周囲の人々がTPOに相応しい行動や言動を発達障害のある人に教えてあげよう、修正してあげようと思っ

ても、無駄な努力と感じてしまうのです。その結果、周囲の人々とのズレは徐々に大きくなり、最終的には、いじめやパワハラ、または無視という行為に発展してしまいます。

　よく発達障害のある人が、進学や就職のために親元を離れ一人暮らしを始めた途端、時間や生活空間の管理ができず、生活リズムや生活環境が一気に崩れてしまうという話を聞きます。この理由の一つに、認知の偏りがあります。時間や空間をTPOに相応しく管理するには、TPOをまず認知しなくてはなりません。認知できることで、管理をするための次の行程につなげられます。一人暮らしをする前は、TPOを認知できなくても、家族がサポートしていました。つまり、自分一人で管理できていたように見えていただけであって、実際に一人では管理できていなかったのです。そのため、家族のサポートがなくなった瞬間に、本人の偏った認知に基づいた管理だけになり、崩壊してしまうのです。定型発達の人であれば、認知の違いはあるにせよ、TPOとあまり乖離しない範囲にありますので、修正し管理できます。しかし、発達障害のある人はTPOに対する認知が大きく異なるため、TPOとは乖離した管理になってしまいます。この状態は、定型発達の人から見れば、TPOに全くそぐわない管理となり、問題になってしまうのです。

認知できないわけではない

　ここで気づいて欲しいことがあります。それは、発達障害のある人が認知できないわけではないということです。あくまでも、認知が偏っており、その偏りが定型発達の人のばらつきを大きく超えているため、その状態を定型発達の人が見ると、問題（異常）に見えるということです。したがって、発達障害のある人がTPOに相応しい認知が全くできない

と考えることは間違っています。発達障害のある人も十分認知する能力は持っていますので、対処方法はあります。一つは、発達障害のある人の認知に合わせられるように周囲の環境を調整していくこと。もう一つは、発達障害のある人が認知できるチャネルを探していくことです。

　まず、環境調整で最も大切なことは、発達障害のある人の認知の違いについて、職場の同僚など関係する人が理解できるようにしてあげることです。定型発達の人であれば、自分の置かれているTPOを認知して修正していきますが、発達障害のある人に自分自身での修正を求めることは非常に難しい作業です。そのため発達障害のある人に修正を求めるのではなく、定型発達の人に環境調整してもらえる状況を作る必要があります。そのためにも、発達障害について理解を深める機会を職場に作ってもらいましょう。例えば、発達障害のある人にとって有益な職場づくりの方法をみんなで考える研修会を行う、発達障害の人の就業事例のDVDを見て学ぶ機会を持つ、などが挙げられます。

　次に、認知できるチャネルは、おそらく発達障害のある人自身が気づくことはないと思います。したがって、定型発達の人に協力してもらい、自分が認知できるチャネルを見つけましょう。これは発達障害の治療にもつながるとても大切な作業ですので、ぜひ行いたいものです。うまく見つけられれば、職場だけでなく、日常生活でもよりよいコミュニケーションを行うために役立つはずです。例えば、「理解できた？」ということを伝えるときにも、単に「わかった？」と言い換えるのではなく、視覚優位の人には「答えが見えてきた？」、聴覚優位の人には「答えが心に響いてきた？」、嗅覚優位の人には「答えが嗅ぎ分けられてきた？」と言い換えるだけでも本人の捉え方は全く変わると思います。

　この二つのことは、専門的な研修を積まなくても、手間ヒマをかければできますので、今日からぜひ取り組んでみてください。

発達障害の診断ができる専門医

✓ どの診療科を受診するのか？

　発達障害を間違いなく診断してもらうためには、各大学の医学部附属病院の精神科もしくは心療内科を受診するのが最も確実です。医学部附属病院には各専門分野の医師がおり、検査機器などの設備も充実していますので、多面的に診断を検討することが可能だからです。ただし、特定機能病院である医学部附属病院を受診するためには、他の医療機関からの紹介状が必要となります。また、予約から受診までに一定期間待たなくてはならないのが実状です。そのような手順を踏んでも、より正確な診断を望む人、診断名が確実になることで安心する人は、受診してみるとよいでしょう。

　一方、そこまで正確な診断を望まない人、自分の抱えている問題を早く解決したい人、休職について相談したい人は、まずは近くの精神科や心療内科を受診してみましょう。そこで自分の不安・抑うつなどの症状、困っていることや感じていることをしっかりと話します。そのときに大切なことは、医療者が自分の言うことに対して向き合ってくれるかを自分で判断せず、身近にいる定型発達の援助者に判断してもらうことです。というのも、発達障害のある人には認知の偏り（p.35「認知の偏りと発達障害」）がありますので、自分だけで判断したことが必ずしも的確でない場合があるからです。読者の方の中には、「精神科や心療内科ならどこを受診しても大丈夫なのか？」と疑問に思う人もいるかもしれません。この点について補足しておきます。

第 2 章 発達障害と二次障害

医療者の意識の変化

　この10年ほどの間に、発達障害（特に大人の発達障害）が注目されてきました。この流れの中で、今まで大人の精神障害を理解するうえで発達の視点から捉えていく努力が足りなかったことが、専門家の中でも指摘されています。それを受けて、アメリカ精神医学会（APA）による精神障害の診断基準（「精神疾患の診断と統計のためのマニュアル」通称DSM）が2013年に改訂（第4版から第5版）された際に、発達の視点がより重視されました。そのため、今後は精神障害を扱う精神科、心療内科の医師も、精神障害を診断していくうえで今まで以上に発達の視点を重視するようになっていくと思います。したがって、発達障害に理解を示す医師は今以上に増えるでしょうし、その流れをよい方向にもっていくためにも、発達障害のある人は自分の問題を治療者である医師に投げかけていくことが必要だと思います。

医師を見分けるポイント

　読者の方の中には、発達障害に理解を示す医師が今後増えるだろうと聞いただけでは、まだ不安をお持ちの方もいるでしょう。そこで、発達障害が診られる医師かどうかの判断基準を考えてみたいと思います。
　精神科医の長沼睦雄先生は著書『活かそう！発達障害脳―「いいところを伸ばす」は治療です。』（花風社）の中で、発達障害が診られない医師の条件を挙げています（p.41 **表2**）。
　表2の条件を見ると、診断を確定していく過程で知らなくてはならない医学知識を持っていることは当然ですが、医師という専門職として、一人の患者さん、一人の「人」とどう関わっていくかを問われているよ

うに思います――"患者の訴えに対し真剣に耳を傾け、正面から向き合っていく"――医師の職業倫理として当然ですが、これが常に行えているかどうか、それを診察室の中で感じられるかどうか、が最初の判断基準のように思います。そのうえで目の前の患者さんにどう向かい合い、どう治療するかは医師と患者との関係の中で作り上げていくものです。発達障害のある人が医療機関で治療を受ける時も、この視点を持って自分に合う治療者を探していくことが大切と思います。ただし、治療者を探す際には身近にいる定型発達の援助者と一緒に探すほうがよいでしょう。

なお、具体的かつ細かな生活指導までを医師が行うことは、現在の日本の医療制度では困難な状況です。したがって、職場で抱えている具体的な問題への対処法など、日常生活や社会参加についての細かい相談を中心に治療を受けたい場合は、精神保健福祉士や臨床心理士等、医師以外の専門スタッフがいる医療機関を選択したほうがよいと思います。

表2 発達障害が診られない医師

・発達障がいの被害的認知を知らない医師	・発達歴や生育歴をしっかりとらない医師
・発達障がいの薬剤過敏性を知らない医師	・身体症状についてしっかりと聞かない医師
・発達障がいの感覚過敏性を知らない医師	・診断だけして日常の具体的助言をしない医師
・発達障がいの不器用さを知らない医師	・高次脳機能障がいに関心のない医師
・発達障がいの認知特性を知らない医師	・幻覚や妄想で統合失調症以外を疑わない医師
・発達障がいのフラッシュバックを知らない医師	・幻覚や妄想を統合失調症と決めつける医師
・発達障がいの誤作動・誤認識を知らない医師	・幻覚や妄想を薬だけで根治させようとする医師
・発達障がいの空想・想像能力を知らない医師	・副作用で苦しんでいる患者を放置する医師
・発達障がいのトラウマ形成を知らない医師	・病状や症状がよくなっても薬を減らさない医師
・発達障がいの環境調整の優先を知らない医師	・漢方薬やサプリメントなどを使わない医師
・発達障がいが発達する障がいだと知らない医師	・代替治療や代替療法に関心のない医師
・発達障がいの異文化特性を知らない医師	・処方の適・不適を患者に聞かない医師
・発達障がいの過剰代償を知らない医師	・病気や障がいの枠だけで患者を診る医師
・発達障がいの解離性症状を知らない医師	・患者の発達や健康を思い真剣に叱らない医師
・発達障がいの統合失調症様症状を知らない医師	・本人や家族の利益を考えて診断しない医師
	・人間として患者に向き合わない医師

出典：長沼睦雄『活かそう！発達障害脳―「いいところを伸ばす」は治療です。』花風社，2011年．より抜粋

発達障害と二次障害の治療

発達障害における二次障害

　発達障害による日常生活や社会参加における難しさが慢性的に続くと脳自体に問題が生じ、さまざまな症状が出現してしまいます。このとき、発達障害自体を「一次障害」、その結果に生じている症状を「二次障害」と言います（二次障害の詳細は前著『発達障害の人の面接・採用マニュアル』p.45「発達障害にみられる二次障害」参照）。TPO（時、場所、場面）との関連で言えば、二次障害とは、TPOに相応しい行動や言動がとれないための困難さが長く続き、脳が影響を受けて生じてしまった症状と考えてもいいでしょう。

　前著でも触れましたが、二次障害に対しては、しっかりと治療を受けるべきです。というのも、TPOに相応しい行動や言動がとれない理由の一つに二次障害が挙げられるからです。二次障害は気分障害や不安障害など多岐にわたるため、発達障害のある人の中には、自分が苦しんでいる症状が一次障害によるものか、二次障害によるものかもわからずにただ苦しんでいる人、または二次障害も治療ができないと諦めている人がいると思います。一人で苦しんでいると二次障害はますます悪化していきます。一度理解ある医療機関を受診し相談してみてください。

二次障害の治療

　二次障害に対する治療では、薬物療法を提案される可能性がありま

す。発達障害のある人の中には、薬物過敏性があり、薬の効果がとても出やすい人がいます。副作用も薬物から見たら効果の一つですので、薬物過敏の人の場合には、副作用も出やすい可能性があります。今まで薬物治療を受けたことがある人の中には、この副作用の強さを不安に思い、薬物治療を拒否している場合もあるでしょう。薬物は効果的に用いれば非常に役に立つものです。薬に対する負のイメージが強い人は、今までにこういうことがあったということを医師や治療者に率直に話してみましょう。治療を受ける皆さんがつらくない程度の種類と量を治療者と相談のうえ、探していきましょう。相談をしながら治療者と意見を擦り合わせていくことが苦手な人も多いと思いますが、これも治療の一つだと考えましょう。また、自分自身で判断できない場合は、信頼できる定型発達の援助者とともに判断しましょう。

　また、薬物療法以外に、認知行動療法などの精神療法を薦められることもあります。精神療法も二次障害に対して一定の治療効果があるという研究結果が発表されています。ただし、すべての人に同じように効果のある治療方法はありません。治療効果の見極めは難しいので、自分自身で判断できない場合は、治療者だけでなく、定型発達の援助者に治療効果が出ているかどうかを確認してもらいましょう。

一次障害を捉える出発点

　一次障害については、「こころと不安」の項（p.30）でも述べたように、完治させる方法はありません。しかし、困難をきたしている状況を一歩でも前に進めることは可能だと思います。例えば、多動傾向に一定の効果のある薬物も開発されており、障害（症状）を抑えることができます。身体の歪みを矯正することにより障害の程度を軽くする治療も功を奏し

第2章 発達障害と二次障害

ています。一次障害だから治療できないと諦めず、ぜひ"理解ある医療機関や治療者"を探して欲しいと思います（p.39「発達障害の診断ができる専門医」）。

✓ 認知に合わせた対応

「認知の偏りと発達障害」の項（p.35）でも触れたように、発達障害のある人が治療を受けるためには、認知の特性に合わせた対応をしてもらう必要があります。特に一次障害を治療する医師や治療者は、そういう視点を持っている必要があります。先ほどの"理解ある医療機関や治療者"というのは、このことを指しているとも言えます。ただし、治療者や周囲の人を自分に合わせるように押し付けてはいけません。自分の家族でもない限り、他人から物事を押し付けられることは嫌なものです（これは、定型発達の人も、発達障害のある人も同じです）。最終的には職場で他人同士の付き合いが少しでも円滑になり、お互いに理解し合える人間関係が持てることが大切です。自分を抑える必要があることを覚えましょう。

その第一歩として、治療者や周囲の人が皆さんに合わせてくれたときには、しっかりと感謝の言葉を述べましょう。発達障害のある人の中には、感謝の言葉を述べたことがない人もいるかもしれません。家族や治療者、周囲の人が、自分のためにやってくれることが当たり前と思ってはいませんか？ そう思っているとしたら、それは大きな間違いです。自分のために何かをしてもらったら「ありがとう！」の一言を今日から伝えましょう。せっかくなので、普段よりも少し大きな声を出してみてください。これこそが、一次障害治療の出発点だと思います。

復職時の医師の意見

✓ 診断書を提出する理由

　復職時には、職場から主治医の診断書を提出するように言われることが多いと思います。発達障害のある人の中には、これに対して疑問を持つ人もいるでしょう。

　職場と被雇用者である従業員を管理する責任は、会社、つまり使用管理者である事業主にあり、従業員が安全に仕事をしてもらうための安全配慮義務が法律で課されています。同時に、従業員には仕事を十分に行えるよう、自分の健康を維持・管理する自己保健管理義務があります。

　復職時に主治医の診断書を提出する理由は、事業主である会社が、安全配慮義務を果たすために必要だからです。診断書がないと、事業主は、復職時に何を配慮すべきか判断できず、場合によっては、治療が不十分な状態で従業員を復職させてしまう危険性があります。したがって、復職時に主治医の診断書を書いてもらうことは、従業員の義務であると同時に、自分自身の安全と健康を守るために必要なことです。このことをしっかりと理解し、復職時には主治医の診断書を会社に提出するようにしましょう。

✓ 復職可否を判断するのは誰か？

　復職時の診断書について、知っておいて欲しいことがあります。

　まず、主治医の診断書は、皆さんが日常生活を送ることができる状態

にまで健康状態が回復しているかどうかのみを判断し、記載されている場合がほとんどで、業務遂行の可否までは触れられていません。なぜなら、主治医は患者が具体的にどういう仕事をしているのかを知らないからです。しかし、会社としては復職を希望する従業員が実際に仕事ができる状態にあるか否かを判断する必要があります。

といっても会社の担当者は仕事については知っていますが、病気については十分に判断できる知識を持っていません。そこで、職場のことも知っており、医学的な知識を持っている産業医が最終的な業務遂行の可否を判断することになります。そのため、回復状況により主治医の判断と産業医の判断が異なる、または正反対になることがあり、自分が思っている通りには復職できない場合もあります。

また、産業医には人事を決定する権利は通常は与えられておらず、勧告権があるのみです。したがって、最終的に発達障害のある従業員の復職可否を決定するのは、会社の人事部などになります。そのため、主治医が復職を許可した日程と復職の日が大きくずれる場合、健康状態などによっては復職できない場合があることを知っておきましょう。

認識のズレがある場合

次に、主治医は皆さんが話をした内容に基づいて診断書を記載します。どんな問題でも同じですが、同じ物事を見ても立場により見え方は違うものです。そのため、皆さんの話に基づいて記載された診断書を会社の担当者が見ても、納得できない場合があります。その場合、会社の担当者が主治医と面会をしたいと皆さんに依頼する場合があります。

発達障害のある人の場合、認知の偏りなど元々持っている特性により問題が生じていることが多いと思います。その問題を解決するために

は、一人で問題を抱え込むよりも、会社の担当者などを含めて皆で協力していくことが大切です。そのためには、自分が問題としていることがなぜ生じているかを知ってもらうことが重要です。

　主治医は発達障害の知識を十分に持っていますので、会社の担当者と会って話をしてもらうことは認識のズレを解消するためにも大切だと思います。会社の担当者が主治医と会うとよいことを言われないと一人で考えてしまい、面会を拒否する人もいますが、それは考え過ぎと言えます。自分が楽になるためにもぜひ面会の機会を有効に活用しましょう。

診断書をもらうときのポイント

　主治医と会社の担当者との面会が実現しない場合には、診断書に会社の担当者として対応してもらいたい点（例えば、残業、休日出勤、出張、交替勤務、孤立業務、自動車運転業務、接客業務などの可否）を具体的に記載してもらいましょう。その際、なるべく業務内容に沿った内容を記載してもらったほうが発達障害のある人にとって有利になると思います。自分の仕事の内容を細かく伝え、問題となっている点（例えば、複数のことを同時に指示されたときの対応法、接客中にパニックが起きそうなときの対応法など）について主治医の助言を受けながら記載してもらうことが大切です。

　また、主治医の診断書は、精神保健福祉士や臨床心理士、もしくは会社の保健師など、発達障害の知識を持っている人に助言をもらいながら記載してもらうことも一つの方法です。

　主治医の診断書をもらうには書類作成手数料もかかります。いったん提出された診断書は重要な意味を持ちますので、当事者も会社の担当者も納得して、よりよい結果の出る内容にするよう努力しましょう。

働きやすい職場への意見

✓ 不安とやりがい

　本書シリーズで繰り返し述べていますが、発達障害のある人は元々不安を抱きやすい傾向があります。日常生活のさまざまな場面で不安を感じているのと同様に、職場でも常に不安を感じています。面接を受ける前には面接に対する不安、面接を受けた後は採用になるかの不安、採用が決まってからは仕事に行けるかの不安、入社してからは仕事や周囲との関係を続けられるかの不安。つまり、「仕事をしようかな？」と思った瞬間からずっと不安を抱えていることになります。

　このような不安を抱くのは発達障害のある人だけの特徴なのでしょうか？　答えはＮＯです。定型発達の人も含めすべての人が何か新しいことを始めるとき、そして始めた後も常に大なり小なり不安を抱いています。仕事にも同じことが言え、全く不安を感じずに仕事ができることはありません。ただし、発達障害のある人は、その不安の感じ方が強く、やや被害妄想的になりやすいと言えます。

　ここで大切なことは、不安ばかりを考えないことです。不安はそれ自体を増強させる特徴を持っていますので、不安について考えれば考えるほど不安は強く確固たるものになります。したがって、不安を少しでも小さくするためには、不安について考えないのが一番よいのです。

　ただ、それをすぐに行うのは難しいと言えるでしょう。では、実際の仕事の場では、どうしたら不安を小さくできるでしょうか？

　一つの方法は、仕事に「集中すること」です。まずは目の前にある仕

事を片付ける。後の結果は考えずに、そのことだけに集中してみてください。結果は後からついてくるものです。最初にいくら予想しても不安が募るだけで、キリがありません。無駄に不安をあおる努力をしないよう、仕事に集中してみましょう。

　もう一つの方法は、仕事に「やりがいを見つけること」です。やりがいがあると、仕事への不安が減り、逆にやる気が出てくると思います。ただし、任せられる仕事の中には、やりがいを感じにくいものもあるかもしれません。そういうときは、上司または管理者と話し合って、「この仕事にはどういう意味があるのか？」「これができることで、どういう役に立っているのか？」という仕事の全体像を教えてもらうといいでしょう。そうすれば、自分の仕事に対し、今までよりもやりがいを感じられると思います。ぜひ、やりがいを持つことで不安を少しでも小さくしてください。

得手・不得手の対応方法

　定型発達の人でも、得手・不得手はあります。どんなに器用な人でも不得意なことが全くないということはありえません。定型発達の人は、職場で不得意なことに出くわしたとき、どうしているのでしょうか？

　一つの方法としては、自分の得意な面に自分の仕事を合わせる努力をします。このとき、仕事を変化させることができれば楽ですが、実際に合わせることが難しい場合も多々あります。そこで、自分の得意な面を活かして仕事ができないか探して、自分で処理しやすいように仕事と自分を合わせていくのです。その際、自分が不得意でどうしてもできないことは、誰か得意な人にお願いできないかなど、自分で処理しない方法を探します。

もう一つの方法としては、自分で工夫する方法を探します。得意な人を探すのも一つの方法ですが、仕事を細分化してみる、仕事の処理する方法を変えてみる、機械やコンピュータに任せられないか考えてみる、など自分自身で工夫することも可能です。それでもどうしてもうまくいかないときは、業務内容を変えてもらう、所属部署を変えてもらう、などの手段について上司または管理者と相談しましょう。

　このとき大切なのは、何を目的にして対応しようとしているかを知ることです。多分、自分がやりやすい方法、ストレスが過剰にかからない方法、を探しているでしょう。それと同時に、職場や会社に迷惑のかからない方法を探しているのかもしれません。というのも、自分が無理して抱え込んでしまうと、最終的に迷惑をかけてしまうのは、自分ではなく同僚や会社であり、お客様だからです。こんなことを言ったら、こんな相談をしたら、こんなことができないとしたら、自分が駄目な人間でクビになってしまうのでは？と不安になっていませんか？実際はその反対で、何も言ってくれない、相談されない、できずに抱え込んでしまわれることを会社はおそれているのです。発達障害のある人は、不安を特に強く感じてしまいますので、迷って悩んでいるよりは誰かに相談することを目指し、自分の不安を少しでも減らしていきましょう。

　また、発達障害のある人は、自分に合っている仕事かどうかを判断するのが大変苦手だと思います。自分のやっている仕事が合わないと感じていませんか？もしそう考えていないとしても、周囲の人は、向いていないのでは？と感じている場合もあるはずです。では、何を基準に向き不向きを判断したらいいのでしょうか？

　仕事の向き不向きの判断は、自分の不安の度合いが目安となります。自分の不安が仕事をやることで強くなるのか、弱くなるのか。または、パニック発作のようなひどい状況が起きるのか、などを目安にしましょ

う。そして、不安が高まる前に、まずは周囲の定型発達の人に相談してみましょう。そうすれば、これだけできているから大丈夫、ここをもう少しこうすれば大丈夫、など教えてくれるはずです。

いずれにしても、自分一人で悩むのは禁物です。一人で抱え込まないよう、他人に相談して意見をもらうことを心がけましょう。

感覚過敏への対処法

発達障害のある人は、さまざまな感覚が過敏な状態にあります。発達障害に関する書籍には、必ずこの感覚過敏についての記述があります。

「感覚」とは、いわゆる五感（視覚、聴覚、味覚、嗅覚、皮膚感覚〔触覚・温痛覚〕）だけでなく、関節などの深部感覚や内臓からの自律神経の感覚も含まれます。薬物に対する過敏性、特定の物質に対する過敏性なども、これらの感覚の過敏が原因とも言えます。

感覚過敏については、すべての感覚が過敏なわけではなく、過敏な感覚とむしろ鈍い（鈍麻している）感覚とが混在しています。また、どれが過敏で、どれが鈍麻しているかは人により違います。そのため、誰にでも通用するような万能な対応方法はありません。一人ひとりの過敏性に合わせて対応してもらうしかないのです。個人の日常生活では知らないうちに自分が楽になれる方法を探して、感覚過敏に対応しているのです。しかし、職場ではある一人の従業員だけに全員の環境を合わせるわけにはいきません。そのため、職場での対応は面倒がられるかもしれませんが、可能な範囲内で最大限、個別に対応してもらうことが大切です。

感覚過敏への対応方法として、過敏な感覚に刺激を与えるような環境を避けることは大切ですが、過敏でない感覚をうまく利用して環境を調整することも一つの方法です。例えば、聴覚過敏のある人は、人の動き

のような視覚情報はあまり気にならないので、目の前の人の動きはあっても、電話やインターホンが鳴らないバックオフィスのような職場が向いています。逆に、視覚過敏のある人は、コールセンターのブースのように、音や声は聞こえても、人の動きがあまり目に入らない職場が向いています。なお、この対応については、特に一人で行うことは不可能です。必ず、上司または管理者に相談して対応を検討してもらいましょう。

視野狭窄について

　ここで言う視野狭窄とは、眼科での視力や視野検査の結果が異常ということではありません。発達障害のある人は、自分の興味があることには集中できますが、興味のないことには全く集中できません。このことを視野狭窄と言っています。定型発達の人にも、興味を持てることと持てないことがあります。もちろん興味のあることのほうが集中できますが、興味がなくても見てみよう、聴いてみよう、試してみようという気持ちを持ちます。これは良好なコミュニケーションの手段の一つとも言えます。

　一方、発達障害のある人は、自分の興味があることは全力で取り組み、そのことを人に話します。逆に、興味のないことは全く触れようともしません。このときの態度があまりにも激しいため、定型発達の人にとっては、理解しきれずに一歩引いてしまうことになります。

　しかし、仕事では自分の興味のあることだけを行うわけにはいきません。会社が期待する業務を好き嫌いに関わらず行う必要があります。定型発達の人は、興味が持てない仕事も何とかこなしているのです。では、興味のない仕事を行うにはどうしたらいいでしょうか？

　一つは、目の前の仕事に一生懸命に取り組んでみることです。一見、

興味がないと思っていた仕事の中に、自分が興味を持ってのめり込める面があることはよくあります。しかし、それはその仕事に向かってみないとわかりません。まずは目の前の仕事に向かってみて、興味のあるところがないか探してみましょう。

　もう一つは、興味がどうしても持てない部分を他の方法に置き換えることです。先述したように、IT（情報技術）を活用してシステム化してもらうことも一つの方法です。自分が興味を持てないとミスを犯す原因となり得ます。それは会社として最も問題視していることです。どうしても興味が持てない場合は、上司や管理者に早めに相談して対応を考えてもらいましょう。

仕事の管理について

●スケジュール表を作成する

　発達障害のある人の中には、言語による指示を苦手とする人が多いと思います。そこで、仕事の指示や管理はスケジュール表を作成して行うことをおすすめします。スケジュール表は、小学校の教室にあった時間割と同じようなもので大丈夫です。表示形式は一週間単位で作成するのがいいでしょう。というのも、発達障害のある人の多くは、ギリギリになっての予定変更がとても苦手です。そのため一ヶ月単位以上の予定表では変更が多くなりすぎてしまい、パニックを引き起こしやすくなります。一週間単位の予定表であれば、変更される頻度はかなり低くなるはずです。

　さらに、作成した予定表を用いて、上司または管理者とともに一週間ごとに予定の確認を行うとよいでしょう。これは発達障害のある人の思い込みによるトラブルをなくすためです。

● 業務の指示のもらい方
　業務の指示は、必ず一人の上司または管理者を決めてもらい指示を受ける、また、一つの仕事の指示をもらったら、その仕事が終わるまで次の仕事の指示を受けないようにするのが理想的です。というのも、複数の仕事を同時並行で処理することも、発達障害のある人にとっては苦痛になる場合が多いからです。複数の仕事を受けなくてはならないときは、上司または管理者と相談して、一つひとつの仕事を区切ってもらい、仕事が重なることを防ぎましょう。

● 失敗したときは？
　指示を受けた業務が何であっても失敗はつきものです。定型発達の人も、失敗して叱られるのは嫌なものですが、発達障害のある人は不安に陥りやすいため、叱られるのをとても怖がります。もし、失敗しそうなとき、失敗してしまったときは、上司または管理者と別の部屋に移動し、そこで相談するようにしましょう。そうすれば、同僚などから嫌な指摘をされなくて済むはずです。しかし、このような気遣いをしてくれる上司や管理者が必ずしも職場にいるとは限りませんので、自分から申し出ることも必要になることを覚えておきましょう。

　このように、発達障害のある人にはいくつかの特性があり、仕事を行ううえで工夫が必要になります。仕事が始まる前に上司または管理者と相談し、できそうな工夫を行ってみましょう。また、定期的な業務の振り返りのときに、自分が不自由に感じていることがあったら、率直に上司または管理者に相談しましょう。もし、相談することが不安であれば、信頼できる定型発達の人に同席をお願いしてください。そうすれば、相談もスムーズになり、不自由なく仕事ができるようになると思います。自分一人で悩まず、人の力をうまく借りて、楽しく仕事ができるようにしていきましょう。

長期休職中の方のリワーク
－復職支援ショートケアの現場から

医療法人社団ラルゴ 三木メンタルクリニック　**森山史子**

◎ はじめに

　医療法人社団ラルゴ 三木メンタルクリニックでは、仕事をうつ病もしくはうつ状態で長期休業・休職されている方を対象に、段階的に復職準備を整えていくリワークプログラムを実施しています。

　利用者の多くの方の代表的な診断名は、うつ病、抑うつ状態、適応障害、不安障害などですが、近年は発達障害の疑いなどが紹介状に記載されているケースもあり、WAIS-Ⅲなどの心理検査の結果も紹介状と一緒に添付されている場合があります。また最近では、自ら本やインターネットの情報を得て、自分が発達障害ではないかと疑われ来院されるケースもあります。このように発達障害という言葉を耳にする機会は多くなりましたが、確定診断がついているケースはほとんどありません。リワークに携わるスタッフ側の実感としては、以前のように長時間労働や過労が要因の"抑うつ状態"だけではなく、長期休職する方の特徴が多様化しているという印象を受けます。

　ここでは発達障害に限らず、長期休職中の方が復職に向けて利用されるリワークプログラムのスタッフとしての立場から、復職や就労に向けての取り組みと、今後の課題を簡単に述べさせていただきたいと思います。

◎ リワークとは

　リワークとはどのようなものであるかという概念については、"復

職"を目指すという共通の目標は一致しているものの、運営している機関によって方針やプログラムの内容、利用期間がそれぞれ異なります。また近年では、復職の条件としてリワーク利用を義務づける職場も増えてきていますが、職場側のリワークに対する理解もさまざまであるという印象を受けます。

当院では復職という共通の目標に向かって、睡眠・生活習慣の見直し、ストレス場面での認知や行動パターンの振り返り、対人スキルを磨くことなど、専門のスタッフ（医師・精神保健福祉士・臨床心理士・産業カウンセラーなど）がチームとなって利用者の方と一緒にプログラムを通じて取り組んでいます。

休職期間がある程度長くなり体調も回復してくると、自主的に運動したり、図書館を利用したりするなど、独自の方法で体調を整えていくことも可能ではありますが、リワークを利用することのメリットとしては、専門のスタッフからのアドバイスを受けられることや、同じく休職中の利用者の方と悩みや問題を共有したり相談したりできるという、一人ではなかなかできない体験ができるところにあると思います。さらに、復職後に休職前と同じようなストレス状況下になった場合、どのようにストレスコントロールを実践し対処していくかということについて考えることも、リワークプログラムでの取り組みの一つです。

このような取り組みを個人で行うのには限界もあり、診断名に関係なく専門のリワーク機関を利用することは、復職準備性を高めるうえで有効であると感じます。

◎「三木メンタルクリニック」でのプログラムの実際

当院のリワークプログラムには、次頁の通り、STEP1 〜 STEP3 までの段階の違う3つのグループが常に存在し、各 STEP は1.5ヶ月で、

図　三木メンタルクリニックでのプログラム利用期間

STEP1	STEP2	STEP3	STEP1	STEP2
Aグループ			D	
STEP3	STEP1	STEP2	STEP3	STEP1
	Bグループ			E
STEP2	STEP3	STEP1	STEP2	STEP3
		Cグループ		

　合計 4.5ヶ月の利用期間になります。医師による心理教育は3グループ合同で実施され、同時に全員が参加する拡大ミーティングも行われます。回復していく段階での疑問点や課題に対し、異なるSTEPの利用者が互いにアドバイスなどを行う時間も設けています。

　実際のプログラムの内容は、認知行動療法を基盤とした構成となっています。自分自身を客観視することでストレス場面での問題点を明確にし、心身を安定化させる方法を改善・習得するための「セルフアセスメント」、行動計画をたて実行する中で自身を振り返る「アクションプラン」、対人スキルの改善を目標とする「SST（社会生活技能訓練）」、呼吸法・筋弛緩法・ヨガなどを行う「リラクセーション」を中心に、気分・思考・行動・身体へのアプローチから自己理解を深め、ストレス対処法の選択肢を増やすことや、コミュニケーション能力の向上を目指しています。

　またスタッフからのアプローチのみでなく、グループでプログラムを行うことによって、共感される体験や安心感を得て、メンバー同士がお互いに抱えている問題や困難さに向き合い、復職や再発防止に向けての取り組みを進めていくことをサポートしています。最近では、

STEP3に入るとリラクセーションの中で、今、この瞬間の自分に気づき、変えないでそのままにしておく「マインドフルネス」、延長利用者のプログラムには、自身の価値を明らかにし自分の人生に踏み込んでいくことを目的とする「ACT」などの第3世代の認知行動療法も取り入れ、ストレス対処法の幅を拡げています。

プログラムが進む中で、実際に自分がどのような段階を経て復職していくかを理解していない方も多いため、気づいたときには休職期間満了の期日が近づいていて慌てるケースもあります。そのため"復職"という職場との具体的なやり取りの進め方に関しては、STEP1の終了時に、「復職プラン」というプログラムを行っています。そこで、復職に向けてどのように職場とのコンタクトを進めていけばいいのか、スタッフと情報を共有する時間を個別に設け、自発的に復職に向け取り組んでいくことをサポートするようにしています。リワーク終了後も月に1回土曜日にフォローアップを行い、プログラムを終了し、復職した後の職場での問題や困難さを相談できる場を設けており、毎回平均約10名程度の方が利用されています。

◎ リワークを運営するうえで感じることと今後の課題

5～6名の少人数グループでプログラムが実施されているとはいえ、それぞれの方の症状や重症度は異なり、スタッフはグループの力動に気を配りながら、それぞれの特徴に合ったアプローチを適切に進めていく必要があります。前述の通り、最近では従来のうつ病とは異なり、服薬と休養のみで回復することが難しいケースが多く、特に、双極性障害、回避傾向の強い方、ベースに発達障害の問題が潜んでいると疑われるケースも増えてきています。同じグループ内でも各メンバーの症状が異なるため、それぞれの特徴の理解を深めることやスタッフ間の連携が重要となります。

自発的に自己理解が深まっていくことが理想ではありますが、発達障害が疑われる方へのリワークプログラムでは、直接的でわかりやすい例を用いると内容が伝わりやすく効果的な場合もあります。また、発達障害がベースにあると、コミュニケーション能力に問題があり、グループでの集団療法に馴染まないと思われがちですが、次第にグループに慣れてくると共感を他者に示すことや、逆に共感されることで柔軟性が認められるようになることもあります。
　回避傾向が強い方の場合には、他のメンバーが問題と向き合い自己理解を深めていく姿勢によい影響を受け、ご自身の問題とゆっくり向き合えるようになる場合もあります。
　それ以外にも多くの困難な例はありますが、実際に職場に戻ったときには、やはり周囲の理解が必要になってくると思われます。発達障害の場合は成人してから(特に就労後)は症状も人それぞれ違うことから、幼少期の情報が必要だったり、専門の医療機関が少なかったりすることで実際に発達障害と診断される機会が難しいケースもあり、仮に診断名がついたとしても、ご本人が職場で感じる困難さや、生きにくさは変わらないと思われます。できれば職場からの理解も得て、個別性に配慮しながら適切な配属や指示系統の工夫や見直しがなされることが就労を継続していくうえで望ましいと思われます。しかし、どの程度までの配慮を必要とするかは職場の状況も異なりますし、今後の課題であると思われます。リワークに携わる立場としては、診断名に関わらず、それぞれの方の特徴を理解したうえでサポートを行い、就労を含め個々人の生きやすさに少しでも貢献できるよう携わることが大切であると思います。

第3章

就職活動と社会に出てから

村上由美の就職事情

　私は幼い頃、母の知り合いの心理士から自閉症を指摘され、専門家や母の療育を受けて育ちました。その後、大学で心理学を学んだのち、言語聴覚士の養成校（国立身体障害者リハビリテーションセンター学院）に進学しました。卒業後は支援者としてコミュニケーション障害の状況の見極めや家族支援を行う仕事をしてきました。体調を崩して退職・休養することもありましたが、コーチングの勉強を始めたことをきっかけに、一般の方に声と話し方の指導やトレーニングなどを行うようにもなりました。私生活ではアスペルガー症候群の男性と16年前から一緒に暮らしています。したがって、私は発達障害の当事者・支援者・家族という3つの立場から情報発信をしていく活動も行っています。

　私が言語聴覚士になったきっかけは、私自身が4歳まで音声言語を発していなかったことが一番に挙げられます。そのため私が3歳の頃、母は専門家に相談しながら自分でも専門書などを読んで勉強し、自宅には家庭教師を招いて個別療育を行ったそうです。

　母は日常生活にもさまざまな工夫を施し、私が少しでも周囲のことに気づくよう心を砕いていました。その中で私が文字に強い関心を示したことがきっかけで、母は私にせがまれるままに絵本を読み聞かせながら音と文字をつなげていきました。しばらくして、私は文字を黙読するようになり、その後いきなり文章で母に話しかけたそうです。残念ながら私は当時のことを覚えていないのですが、幼い頃から自分は他の子たちとどこか違うとずっと感じていました。

　例えば、音楽の時間にたて笛を吹いていると、私は絶対音感があるた

め自分が吹いているのがどの音か耳で聞けばすぐにわかりました。ですので、他の子が平気で間違えるのがとにかく不思議でなりませんでした。後で知ったのは絶対音感を持っている人はほとんどいないため、大半の人は自分がどの音を出しているかがわからないから間違えても平気である、ということでした。このような違いから生じる誤解でいじめにあうことも決して珍しいことではありませんでした。

　このような事情から自分の経験や絶対音感など、他の人とは違う特性が活かせる職業に就きたいと考え、臨床心理士を目指して上智大学の心理学科へ進学しました。しかし、実際に勉強を始めてみると、自分には「もっと"はっきりした対象"があるといいのでは？」と思うようになり、ゼミの担当教授に相談したところ「あなたには合っていると思う」ということで、言語聴覚士の道とその養成校である国立身体障害者リハビリテーションセンター学院（現・国立障害者リハビリテーションセンター学院）を紹介されました。養成校は自宅からも通学できる範囲にあり、学費も格安だったため、父の年金にたよる暮らしを送っていた当時の実家の経済状況を考慮するとかなりの好条件でした。ただ、倍率が高いことが懸念材料としてあり、もちろん大学院（心理学専攻）への進学も考えましたが、自分の生い立ちや特性をうまく活かせる道として思い切って進路変更をし、養成校を受験して幸い合格できました。

養成校生活の苦労

　言語聴覚士とは、聞こえ、ことば、コミュニケーション、そして嚥下（飲み込み）に障害がある人たちへの評価やリハビリテーションを行い、家族へも指導や助言をする仕事です。関わる分野がとても広く、主なものでも脳血管疾患（脳梗塞や脳出血など）の後遺症で生じる失語症や運

動障害性構音障害、頭部外傷後の高次脳機能障害、聴覚障害者の補聴器や人工内耳のフィッティングや発声・発語訓練、脳性麻痺の摂食・嚥下や拡大・代替コミュニケーション手段の確保、口蓋裂や舌癌などの術前評価や術後訓練、知的障害や発達障害の言語発達やコミュニケーションを促進する指導、と多岐にわたっています。当然ながら養成校で学ぶことも多く、医学や言語学をはじめ、物理学や数学、心理学、関連法律など幅広い分野にわたります。授業の合間には実習なども入るため、入学後は、まず勉強についていくのが大変でした。忙しいときは毎日終電で帰宅してからも提出用レポートを書き、実習の準備などをする日々でした。

　たまに言語聴覚士になりたいと相談されることがありますが、まずはこの養成機関のハードなスケジュールをこなせる体力と、言語聴覚士になるために必要な知識を身につけられるかが問われてくるでしょう。そもそも言語聴覚士は、指定校を卒業できなければ国家試験を受けることもできません。また、授業は何とかなったとしても、実習など対人場面が多く、柔軟な対応が求められます。実際、私もかなり苦労し、失敗もしてきました。周囲の人に迷惑をかけたこともあれば、手厳しいことを言われてトイレなどで悔し涙を流したこともありました。

　ただ、失敗してもそれを冷静に振り返って次に活かすことがとても大切です。当事者にとってこれが一番難しいかもしれませんが、自分にとって必要ではあるけれどもまだ身についていないことを少しずつ洗い出し、具体的な目標を決めて淡々と取り組み、時折見直してみることが重要だと考えます。もちろん医療関係職はチームワークなので、人に興味があること、誰かといるのが苦痛でないことなども大切な要素ですが、弱い自分を認めつつ学んだことを未来に結びつけられるか、現実的な問題解決を試行錯誤できるか、時には諦めて他の道へ切り替えられるかも必要なのではないかと感じています。

就職活動で苦労したこと

✓ 就職氷河期の就活体験

　私が就職した1998年前後は就職氷河期の真っ最中でした。加えて97年に言語聴覚士法が制定され、言語聴覚士は国家資格化されることが決まりました。多くの医療機関は様子をうかがうため採用を手控え、一つの施設で募集があると10人以上の応募があるのが当たり前という激戦でした。私も採用試験を一生懸命受けるものの、不採用通知だけが増えていきました。

　私が通っていたのは日本で最初にできた言語聴覚士の養成校で、卒業生の就職率は100％と言われていました。しかし、他にも養成校ができたこともあり、先生方からは「今までなら『ぜひ！』と次々に声がかかって採用が決まっていたが、今年度は厳しい。私たちもいろいろあたってみるから頑張って！」と励まされました。また、この養成校は大卒者対象だったこともあり、基本的に就職活動は本人が主体となって行われました。具体的には、学生控室に求人票が出されるので、それを見て直接先方に連絡し、施設の見学、履歴書の送付、就職試験や面接を受ける手続きをすべて自分で行いました。

✓ 就活における不安や悩み

　大学時代はアルバイトの採用試験を受けた経験があったので、一応履歴書を書いたことはありました。しかし、大学卒業後は大学院または養

成校への進学を考えていたので就職活動をした経験もなければ、就活対策の講義などを受けたこともないため、いざ就職活動をしてみると「これでいいのだろうか？」という不安は常にありました。とにかく先生方や同級生、時には先輩方と相談しながらやるしかない状況でした。

　医療関係業界は一般企業とは事情が異なりますから、就職活動の対策本などを読んでも必ずしもそれがベストな答えとは限りません。おまけに実習などの都合で一般企業より募集時期が遅く、「これで決まらなかったら、他の業界はとっくに応募を締め切っているし、どうしよう？」と不安に感じることが度々ありました。

　また、私が目指していた言語聴覚士は対人支援職です。コミュニケーションに問題がある自閉症の自分が果たして働き続けられるのかという懸念もありました。そこで機会を見て施設見学に足を運び、現場で働いている先輩方に話を伺いましたが、職場によってさまざまな働き方があること、そして当時自分が希望していた小児関係の職場は非正規雇用が多いこともわかり、悩みが余計に増える結果になってしまいました。

両親からのプレッシャー

　私が就職活動をしていた当時、発達障害の就労について本などからわかる範囲で調べたところ、知的障害のある人が障害者雇用で働くという事例はあっても、一般雇用で働き続ける事例は少なく、仕事に失敗したことばかりが書かれており、「ずっと働けるのか？」と私のみならず両親も不安を募らせました。

　今では発達障害のある人のための就労支援サービスも随分と増え、アドバイスをもらえる場所もインターネットなどで調べられます。しかし、私が就職活動をしていた約 20 年前ではインターネットは一部の人

しか使えないものでしたし、コンテンツもかなり限られていました。そもそも発達障害という概念自体が日本ではほとんど知られていない状況で、自閉症の専門家でも知的障害のないケースについては、成人後のこととなるとほぼ未知の世界だったでしょう。

　まるで雲をつかむような話ばかりで、父も定年退職して年金暮らしでしたからこれ以上親に負担をかけるわけにもいかず、両親も「とにかく働いてくれ！」「就職先がないならハローワークへ行け！」とプレッシャーをかけてくる日々でした。親にとっても果たして障害のある娘が働けるのか不安だったでしょうし、そうは言っても働かずに家にいられても困るというのが本音だったのでしょう。

こんな就労支援が欲しかった

　今思えば、まず自分に「どんな長所と短所があるのか」「履歴書などで自分の長所がうまく反映されているのか」「面接でどんなことを注意するといいのか」などを第三者と一緒に確認できる機会が欲しかったです。もちろん養成校の先生や当時アルバイトをしていた研究所の先生に相談に乗ってもらいましたが、就労に詳しい人に聞いてみたかった、と感じることがあります。

　同時に、就労に詳しい第三者が両親に対して、就職氷河期なので発達障害ではない学生も苦戦していること、私のような職種だと非常勤でも職歴につながるので正職員に就けなくてもまずはその職業で働いた経験が大切なこと、国家資格を取得できれば正職員へ転職するチャンスは確実にあること、本人も多くの人に相談しながらできるだけのことをしていること、といった説明をしてくれていたら、もう少し両親も見通しがついて安心できたのかもしれません。

日本の場合、就労条件が「正社員雇用」だけのイメージになりやすく、大企業や公務員以外の就職にあまりいい顔をしない保護者も多いと言えるでしょう。親の大半は高度経済成長期からバブル期の頃に就職したので、子ども世代とは就職活動のやり方も雇用状況も全然違うことがわからないと、善意のアドバイスが的はずれなものになり、かえって子どもたちにプレッシャーをかけ、誤った情報を与えることになりかねません。

保護者に知っておいて欲しいこと

保護者の方々にぜひ確認していただきたいのは「わが子に一人暮らしできるだけの生活能力があるか？」ということです。後でも述べますが、せっかく就職先が決まっても働き続けるためには収入の範囲内で暮らしていくこと、必要最低限の家事をこなしていくこと、就業時間に間に合うよう支度をして通勤できるか、やりたいことと必要なことの区別をつけて一つずつ用事を片付けていけるか、といった今まで同居しているとつい見落としがちなことが親元を離れると大切になります。

公的な支援に関して言えば、訪問形式による生活のアドバイスやヘルパーの利用といった日常生活支援がもう少し欲しいと個人的には思うのですが、今の日本にはこのあたりのことがとても手薄のように思います。私自身の経験を振り返ってみても、就労を続けていくには基本的な生活習慣づくりもとても大切でしたし、実際に身につくまでにかなり苦労しました。

保護者の方々は応援したい気持ちでいっぱいでしょうし、お子さんの一挙手一投足が気になると思いますが、わが子の状況を確認しながら必要な部分は第三者に委ねる、といった保護者自身の情報整理も必要なのかもしれません。

不合格体験
－不安をどう乗り越えたか

✓ 就職活動の評価と反省

　他の当事者の人の話を聞いていると私はかなり恵まれていたと思います。首都圏にいるだけ情報に接する機会も多く、幼い頃に療育を受けたこともあって自分の障害特性についてある程度理解できていました。両親以外にも養成校の先生に自分のことを相談できたことがよかったのかもしれません。それでも同級生たちが次々に就職先を決めて喜んでいる姿を見るにつけ、「どうして自分はうまくいかないのだろう？」「やはり自閉症ということで知らぬ間に先方に何か失礼なことをしているのでは？」とつい考えこんでしまうことは幾度となくありました。

　今は就職活動時に面接する企業の数も昔とは桁違いになっています。逆に言えばそれだけ多くの会社から断られるのはかなりのストレスでしょう。私も10ヶ所以上の応募先である病院から不採用通知をもらいましたが、それだけでも「あなたは必要のない人間です」と最後通告を突きつけられたような気分になって落ち込みました。

　今振り返れば、確かに他の学生と比べたら不利な面もあったかもしれませんが、職場との相性の問題が不採用の要因として大きかったのではないかと感じています。また、面接試験ではアピールする時間が短く、自分のことをよく知ってもらうためのやりとりが不十分だったと感じています。第三者を介して行われていたら、もう少し違う結果になったかもしれません。

実際、私の場合、結局採用されたのは先方から声をかけてもらったところ、あるいは私のことをよく知っている目上の方の紹介があったところでした。言語聴覚士の場合、実習先で声をかけてもらってそのまま就職することもありますから、他の職種でもインターンなどで企業と当事者のジョブマッチングがあるとよい結果につながると思います。

肝心なのは情報収集と情報発信

　就職活動は企業と学生のお見合いのようなものと言われますが、今はそのお見合いにこぎ着けるまでに多くのハードルがあります。新卒学生はインターネットなどで情報検索をすると上位に挙がる大手企業に目が向きがちかと思いますが、中小企業の中にも独自の取り組みをしている企業は多く、特定の分野ではトップシェアを誇る企業や海外では有名な企業など、探せば意外とあるものです。そして、そのあたりの情報は人づてにやってくることが多いので、学内の就職課や興味のある分野に関わる人に直接連絡を取り、情報を集めることは大切なことです。

　私の場合、就職にあたっては自分のことを病院などの先生方に知ってもらっていたことがプラスに働いていたようです。学生時代から長期休みになると自主的に病院見学に出かける、研究所のアルバイトをする、疑問に感じたことを先生に質問する、課題をまじめに提出する、という傍から見ればとても地味で当たり前のことなのですが、そこだけはとても真面目にやっていたことで、あまり養成校の生徒と接する機会のない病院の先生方や学院長にも顔と名前を覚えてもらえたようでした（とても風変わりな学生だったから、という事情もありますが……）。

　年が明けても就職先が決まらずにいたときには「心配かもしれないけど、最後にポロッといい就職口が出ることもあるから」「こういうのは

ご縁だから、やることをやって後は運を天に任せるのも大切なんだよ」と慰めてもらうことも一度や二度ではありませんでした。また、アルバイト先の研究所の先生からは「勉強熱心なことやパソコンなどに詳しいといったことも長所だと思うよ」「試行錯誤もよくしているし、やりたいことに優先順位をつけながら身につける努力をしているじゃないか」と就職面接などで話すとよい長所やポイントを教えてもらいました。私にとって先生方のことばはつい視野が狭くなりがちな当事者側の視点とは違う、客観的な考え方に触れられるいいチャンスだったと感じています。

　余談ですが、最近仕事で若い学生たちと話をする機会がありますが、今の学生たちはとても優秀で、私の若い頃に比べたら熱心に授業にも出席し、こちらの話もまじめに聞いてくれています。それにもかかわらず、なかなか就職が決まらないとなると企業側が相当選別しているのでしょうし、そもそも働いたことがない人に対して企業側もさまざまなことを求め過ぎなのかもしれないと私は考えています。

パートナーとの出会い

　就職活動のさなかに夫と出会い、先に社会人として働けている当事者（夫）を見られたことで随分不安も和らぎました。分野は違うかもしれませんが、実績がある人が目の前にいることで「発達障害だから就労は難しいのでは」というネガティブな声から距離を置けました。また、彼は私と付き合う少し前に会社勤めから在宅勤務に切り替えたところで、サラリーマン家庭に育った私には「こういう働き方もあるのか！」と新鮮でしたし、技術を身につけると働き方の選択肢が広がることもわかり、やはり言語聴覚士の勉強をしてきたからには「この仕事をまずやってみよう！」という気持ちになれました。

さらに、彼はもともと楽天家で「もしも常勤職につけなかったら、僕と一緒に暮らせばいいじゃないか！」と言ってくれたことで私の中で保険になった面がありました。後で話を聞いたところ、当時は親にいろいろ言われて不安定になっていた私を彼は相当心配していたようで、私を自立させるためにも実家から離れて暮らせるよう手立てを彼なりに考えていたそうです。

　以上をまとめてみると、私の場合、家族以外のさまざまな年齢層の大人たちと話をする機会があったことで「世の中にはいろいろな人がいて、さまざまな生き方をしている」「働き方は父のようなサラリーマンだけではない」と自覚でき、自分の感覚だけがすべてだという思い込みから抜け出せたようです。同時に「自分がどこまでだったら許容できるか」「どんなことが許せないのか」といった自分の境界線を整理しながら探れたことで、常勤職へのこだわりを緩め、最初は非常勤でもやりたいことを優先させることによりキャリアの基礎を築けました。結果として採用された職場は非常勤という条件でしたが、丁寧に指導してくださる経験豊富な上司たちがいるところでした。最初のうちは平日も休みがあったので研修に出かけたり、たまりがちな家事や振込といった用事を済ませたり、ゆっくり休む時間を取ることができて徐々にフルタイムへの準備ができました。また、複数の職場で働くことで言語聴覚士が関わる多くの領域について考えるきっかけにもなりました。

　今後、就労支援に携わっている方々には、ぜひ5年、10年後その人がどんな生活をするのが望ましいのかも視野に入れながら相談に乗っていただけたら、と思います。また、さまざまな当事者の話を聞くと、保護者といったん距離を置くような環境作り、例えば宿泊しながら基本的な生活習慣をシミュレーションするような機会もできるといいのではないかと自分の経験からも感じています。

相談できる人の見つけ方

　青年期以降に発達障害だとわかった当事者の場合、まず相談できる場所や人をどう見つけるかで迷ってしまうようです。最近、講演などで全国各地に行く機会がありますが、発達障害の支援をしている人はどの地域にでもいるものの、その情報がうまくいき渡っていないことが往々にして見られます。また、発達障害者支援センターが身近な地域にあって紹介されても、予約をとるのが困難なことや青年期以降の対応に慣れていないこと、今まで相談などをしてうまくいかなかった経験から生じる不安で、二の足を踏んでいることが多いようです。

　発達障害者支援センターに抵抗がある場合は、何について困っているかを整理するため、各都道府県にある障害者職業センターや精神保健福祉センター、若者サポートステーションなどを利用してみるといいと思います。学生であれば学内の保健センターや就労支援担当の部署へ行ってみることがまずスタートになるでしょう。

　首都圏を中心に障害者の就労支援をしている民間企業（人材紹介会社など）も増えてきているので、過去の実績がある会社を調べてみるといいでしょう。原則、障害者手帳がなくても相談に乗ってもらえます。

相談にたどり着くまでのハードル

　とはいえ、相談までたどり着くのが大変とも言えるかもしれません。理由はいくつか考えられますが、まず自分が困っていることをうまく説明できないこと、相手に頼りすぎてしまう場合があること、反対に自分

でできる範囲以上のことをしようとして失敗するということが挙げられます。同時に自分の悩みは他人に話すほどのことなのか、と変な遠慮をしていることもあります。文字だと書けるけど、実際に人を前にするとうまくことばにできない、と掲示板に悩みをつづる人もいます。

　また、当事者にとって相談のために外出するのは意外とハードルが高いことなのです。なかには指定された時間と場所に間に合うように外出できずに相談する機会を逃している人もいます。定型発達の人からすれば「そんな簡単なこと」と思われそうですが、着替え一つ取っても状況に合う服装を選ぶ、ある程度身だしなみを整えるといった暗黙の了解があります。そして、それらの服を適宜洗濯して、出し入れしやすくしまっておくことも必要です（これらは就職後の問題にもつながります）。

　また、移動手段の確保も当事者には大変な場合があります。電車移動の場合乗り換えはもちろんですが、慣れない場所へ出かけることが不安になって動けなくなる人は案外多いものです。自分の生活圏と違うことを求められると途端に対応できなくなります。また、車の場合であれば、免許取得や公道でのさまざまな状況への対応、運転による疲労やストレスなどが考えられます。運転時は絶えず注意のスイッチを切り替え、適宜目で見た情報を基にハンドルとアクセル、ブレーキを同時に操作しなければなりません。車を維持するにもお金や手間は意外にかかります。

　運転が苦手な当事者も多いのですが、地域によっては公共交通機関の利用がとても不便なので、運転ができないと相談できる場所はもちろんですが、就ける仕事が限られてしまう場合も珍しくありません。最近は医療関係職も訪問事業サービスの関係で運転免許保有が雇用条件の一つに入っていることも増えてきました。まさに予備選抜としてふるいにかけられ、にっちもさっちもいかなくなるケースがある、ということを支援者には頭に入れておいて欲しいものです。

専門家以外の相談相手を見つける

　相談に乗ってくれる人を探す難しさはこのような事情をくみ取ってくれる人の少なさも関係しています。いろいろ困り果てて勇気を振り絞って家族や友人・知人に相談しても「あなたの努力不足」「そんなの誰にでもあることよ」といった余計に傷ついてしまうことを言われてしまう、最初のうちは優しく対応してもらったけれど、だんだん冷たい反応に変わってしまうという経験が積み重なることで、ますます相談できる人が減り、精神的に追い詰められてしまうこともあるかと思います。

　ただ、私がさまざまな人と話して感じるのは、相談できる事柄を具体的に絞っている人は比較的問題解決につながりやすいということです。そして、改善策を積極的に取り入れながら自分がどう変化したか、妥当な改善策であるかを検討し、さらによい方法を見つけていくことが大切です。また、そういう人のそばには必ずよき相談相手がいて、適度な距離で応援してくれているようです。

　よき相談相手は、たいてい相手に伝わるかたちで上手に説明できる人です。特に相手にわかるように物事を教えられるかでその力量はある程度推し量れます。また、よき相談相手というのは、自分とは違う視点を提供してくれる人だと私は思います。うまくいっていないときは、たいてい自分の思考の落とし穴にはまっていて「だからできない！」と一つのことにとらわれています。そのとき「本当にそうなのか？」「他のやり方や考え方があるのでは？」と自分の考えを洗い出して、より本来の目的に近い方法へとたどり着けるような相談なのかも確認するといいでしょう。

　時にはとても耳に痛いことを言われるかもしれません。つらい気持ちになったり、過去の失敗を思い出したり、身がすくむ思いになることも

あるでしょう。しかし、過去と今は違うことですし、未来を変えるために今何が必要かを考え、ネガティブな感情は大切にしつつも現実を見据えることも必要だと思います。この整理を周囲もですが、当事者もどのくらいできるかがポイントになるといろいろな経験から感じています。どうしてもそれがコントロールできないときにこそ、専門家の助けが必要なのです。今はどうしても専門家に何でも聞いて解決してもらおうという雰囲気になりやすいですが、専門家も万能ではありませんし、それぞれ専門分野によって"できること"と"できないこと"があります。

　私が人付き合いで心がけているのは「自分も他人も信頼はするが、信用しない」「相手に期待しすぎない」「ＡがダメならＢのプランに適宜変更する勇気を持つ」「ある程度予算を確保する」ということです。

　最初の項目に驚かれるかもしれませんが、発達障害の当事者は得てして自分や相手を過信して失敗する向きがあると思います。そして、当事者の多くは感覚に偏りがあるため、自分の感覚に頼るとかなりズレたことになりがちです。そのため私は一日のスケジュールをある程度決め、生活に合った予算の中で暮らすようにしています。客観的な尺度を導入することも相談の際に相手に伝わりやすくなりますし、そこから突破口が見えてくることもあります。

　なかには相談に乗ってくれていても時間が経つにつれて次第に違和感を覚える関係があるかもしれません。妙に押し付けがましい、こちらの意見に極端に反論する、不十分な点を指摘されるのを極端に嫌う、言っていることと行動に大きな食い違いがある、その人にしか話していないことを思ってもみないかたちで言いふらされているということが出てきたら、今までの関係を見直す時期なのかもしれない、とこれまで相談に乗ってくれたことに感謝しつつ徐々に違う世界に目を向けていくことも大切です。

社会に出てから

医療現場のチームワーク

　私が言語聴覚士として社会人になりたての頃の主な勤務先は、総合病院（救命救急センターを併設）と某自治体の保健センターでした。どちらの職場にも経験豊富な上司や先輩がいて適宜指導してもらえるというありがたい環境でした。とはいえ、最初のうちは戸惑いの連続でした。

　例えば「カルテを書く」という表現一つを取ってみても、病院と保健センターでは求められることが微妙に異なります。業務内容の違いが反映されているので当然のこととも言えますが、どこまでカルテに書くべきか、どんな情報を他職種と共有すべきかなども含め、いわゆる職場毎の暗黙のルールによる違いが出てきます。

　また、職場の働き方も異なります。総合病院では、短い時間に次々やってくる患者相手に評価や指導を行います。そして、入院患者はどんどんリハビリ専門病院へ転院していきます。また、NICU（新生児集中治療室）関連の仕事では、迅速かつ慎重な対応が求められるケースもありました。医師や看護師、理学療法士や作業療法士、臨床心理士、時には栄養士など他職種とお互いの立場から意見交換することもあり、一度に多くの情報が入ってくるので優先順位をつけることが求められました。

　一方、保健センターでは病院や施設での集中的なリハビリを終えて自宅へ戻った慢性期のグループ訓練の他、親子教室や小児健診のフォローなどが仕事の中心で、保健師との連携や家族への対応が重要な位置づけとなっていました。いずれの職場でも失語症友の会や障害児の親の会な

ど啓発活動にも参加することがあり、普段の業務とは違うかたちで患者や家族と関わる機会がありました。
　当事者として最も大変だったのは大勢の人と関わることで、その場に応じて柔軟な対応が求められたことです。同じような状況でも、家族の受入れ状況や住んでいる環境などで患者の予後はいくらでも変わります。そして、柔軟な対応というのは時に自分が一番よいと考えていることに反することもあります。最初の頃は自分に嘘をついているような感覚に陥り、「本当にこれでいいのか？」と悩むこともありました。
　しかし、さまざまな人と関わる中で、あくまでも主役は患者と家族であること、どんなに理想的なことでも受入れがたい心境であるときにはなかなか実行できないこと、医療や福祉の限界を悟ったうえでできるサービスを模索することが必要だとわかってきました。もちろん理想や自分の主義主張を持つことは大切ですが、それを無理に押し通したり相手の立場を軽視したりするようでは職場の中でも孤立してしまいます。チームワークを維持するためにも自分の意見をどう伝えると相手にわかりやすいか、譲ってはいけないところはどこからなのかを自分の中で整理していくことが大切になると私は考えています。
　また、他職種の人と話しているうちに言語聴覚士の仕事は医療関係者にも全然知られておらず、自分も相手の仕事を漠然としか知らないことにも気づかされました。そこで、理学療法や作業療法も受けている患者を受け持った際には、送迎時に訓練を受けている様子を見て担当者に訓練の意図を聞いたり、病棟へ行くときには看護師や家族とやり取りしている場面を見せてもらったりしました。
　当事者の中には仕事以外の関わりをできるだけ避けたいという人もいるようですが、私のような職種は本当に知ってもらわない限り「あの人何しているの？」「言語聴覚士って一体何ができるの？」と思われてし

まいます。そこで、職場の定期的な飲み会にはできるだけ参加しました。また、いずれの職場にも歳が近い同僚がいたので、仕事の前後や昼休みにおしゃべりをしたり、仕事や家庭の悩みなどを打ち明けることで次第にお互いのことを知り、それがきっかけで担当した症例について相談したり、わからないことを質問し合えるようになりました。

　その後、重症心身障害者施設での常勤が決まって転職しましたが、職場が変われば予約の取り方や医師からのオーダーの出され方なども異なるので、先に就職していた同僚や事務の人たちから教わりながらスキルを身につけていきました。また、当時は開所したばかりの施設ということもあって若い職員が多く、経験年数も1〜3年前後の人がほとんどだったため、率直にお互いの意見を出し合いながら仕事ができました。

　自分が働き続けるためには本来の仕事を着実にこなすことはもちろんですが、自分にミスがあったら素直に謝ること、支えてくれる人に敬意を払う行動をとること、わからないことやできないことを率直に他のスタッフに尋ねて情報を共有すること、時間・モノ・お金に絡む作業を明確にすること、相手を操作したくなる気持ちを押しとどめること、感情をむき出しにして相手にぶつけないこと、といった対外的なマナーやルールも大切です。仕事を遂行する能力が高くても、このような周辺事項を意識していないと信頼関係を築くことがとても難しくなります。

　また、働くうえでコミュニケーション能力はもちろん大切と言えますが、夫（プログラマ）と私（言語聴覚士）ではかなり求められるスキルも違ってくるという実感から言わせてもらうと、まず自分がなりたい職業に必要な情報伝達能力と情報受信能力があるか、というあたりから考えてもいいのでは、と私は思っています。日本では軽視されがちな分野ですが、発達障害のある人にはもっと基礎的な構文ルールに基づく読解を国語教育などに取り入れて欲しいと願ってやみません。

体力・気力への対応

　私の場合、ちょうど就職と当時付き合っていた恋人（現在の夫）との暮らしを同時に始めたため、最初のうちは仕事と家事の両立に追われていました。幸い夫は在宅勤務だったうえに家事もひと通りできるので随分助けてもらいました。そうは言っても、12年間一人暮らし（最後の3年ほどは猫も同居）をしていた夫も、自分のペースで何もかもできた生活からいきなり人と合わせる生活になってかなり大変だったようです。私は私で、今までの習慣を大幅に変えないといけなかったので、お互いのペースをつかむまでストレスがたまりました。

　夫がかなり驚いていたのは、私の睡眠時間の長さです。もともと体があまり丈夫ではなかったのですが、20歳のときに子宮内膜症を発症して以来ホルモンバランスが崩れやすく、調子が悪くなると日常生活に支障が出ることがありました。そのため休みのときにはできるだけ家事をして、日曜日の午後は翌日に備えて昼寝などで少しでも体力を温存したいと考えていました。一方、彼はずっと家で仕事をしていたので休日ぐらいデートをしたいと思っていたようです。ところが彼は、私が土曜日の朝に「週末どうする？」と聞いても自分がその気分ではないと「まだわからない」と先延ばししていました。ようやく彼が「じゃあ、どこか行こうか」と言い出すのが日曜日の夕方になることが何度か続き、「それでは困る！」と私が苦情を言うまでこちらの事情と自分の言動が食い違っていることに気づかないでいました。

　こんな感じの生活が続いて、家事などは徐々に宅配サービスを利用して食材や日用品の大半を届けてもらい、家事のスケジュールとパターン

ができたことで慣れてきた反面、夫と法律婚をすることになったことで結婚式の準備を始め、親戚付き合いが増え、仕事もどんどん忙しくなっていきました。女性の場合、年齢が上になるにつれて職場でも家庭でも調整役を求められるようになります。仕事では新人職員への指導や実習生への対応など、中堅ポジションの役割も増えていきました。また、30～40代は結婚、出産、育児、そして介護といった自分の意のままにならないことが増えていきます。精神的なエネルギーがかなり消耗されるだけに息抜きや気分転換の時間が欲しいところですが、どうしても休養の時間が最優先になっていました。

　私以外の人の話を聞いても、発達障害のある人は仕事を続けていくうえで体力、気力のうち弱いほうにしわ寄せがくるようです。発達障害と診断されるきっかけがうつなどの精神疾患の発症が理由というのもさもありなん、と思うことがあります。私も体力が底をついてしまい、結果として10年前に体調を崩し、常勤職を辞めざるを得なくなりました。

　その後しばらく休養してから少しずつフリーランスとして働き始めました。時間の融通が利き、幸い今までのキャリアのおかげで仕事をもらっているので今の働き方について大きな不満はありません。ただ、欲を言えば、今の日本の正社員制度の中で復職やフレックス制度などがもう少し充実していると私のようなケースが減るのではないかと思います。もしくは同じ仕事なら雇用形態に関わらず同じ賃金を支払う、といった増加している非正規雇用にも対応した社会制度が欠かせないと考えます。

　今後は少子高齢化が進み、優秀な人材でも家庭の事情や自身の心身の調子の悪化により今まで通りに働けないケースも増えるでしょう。そんなときに何らかのセーフティーネットが欲しいと心の底から願っています。日本は成人男性が有利な社会体制でしたが、今後多様な人を受け入れていくには、この風潮を変えていくことがとても大切だと思います。

変化への対応

新しい出会いと挑戦

　体調不良のため常勤職を退職後はしばらく療養中心の生活でしたが、徐々に動けるようになってきたとき、まず私が始めたのが体力をつけることでした。そして、個別指導してくれるピラティスの教室を探してレッスンを受け始めました。しばらくは教室に通うのも大変でしたが、電車に乗るのもリハビリと思って自分のペースでやってみることにしました。すると、だんだん体力もついてきて動けるようになったことで気力も戻ってきました。そこで、「よい機会だから、今までやりたくてもできなかったことをやろう！」とコーチングの勉強もやってみることにしました。そこでの出会いがきっかけとなり、一般の人向けに言語聴覚士の知識を活かして発声・発語の指導などを依頼されるようになりました。医療機関では気づかなかった多くのことを学ぶ機会となり、これはこれでよかったと今では思っています。

プラスの面を見る

　また、退職後の生活の変化に対応するうえでは、私の場合やはり夫の影響も大きかったと思います。彼は度を越した楽天家で対応に困ることもありますが、私が退職して落ち込んでいるときも「これでキミは組織に気兼ねなく動けるようになったぞ！発達障害の当事者としても発信しやすくなったじゃないか！」「悪いことばかりじゃなくて少しはいいこ

ともあるはずさ！」と励ましてくれました。私としては収入が今までよりも減ってしまうし、家のローンのことなどマイナス面も見て欲しい、と全面的には賛成できなかったのですが、夫の言うことも一理あるなとも感じました。

　夫と私はかなり対照的なところがありますが、それも気持ちの切り替えにつながっている一因のようです。きっと彼は友人として出会っていたら付き合わないタイプの人なので、そういう意味でも自分と全然違う発想の人とやり取りすることも自分の幅を広げるためには大切だと感じています。

　私はもともと変化への対応が弱く、それもあって未知のことへの不安が強いのですが、夫は好奇心が旺盛で未知の分野に挑戦したい人です。彼に引きずられるように電子書籍の規格の話なども聞いていましたが、音訳ボランティア（視覚障害のある方のために活字を音声にして伝えるボランティア活動に携わる人々）に対して発声・発語の指導をするときにその知識がとても役に立っており、今度は私が夫の仕事にどう関わっていくといいかなどについて考えるきっかけになっています。

気持ちを切り替えるチャンス

　振り返ってみると、ピンチのときや新しいことを始めるときほど気持ちを切り替えるチャンスだったと思いますし、そこから次のステップへ進むための準備になっていることが多かったように思います。いまだに新しいことへの警戒心や不安は強いと言えますが、歳を重ねるにつれ、「まぁ、何とかなったし、よしとしよう！」と開き直れるようにもなってきました。ハードルを下げてちょっとしたことでも喜べるようになったことも、年の功なのかもしれません。

余暇の過ごし方

　発達障害のある人の就労支援の際、余暇や趣味の話をすると「なぜ仕事以外の話になるのだろう？」という反応をされることがあります。しかし、貯金が趣味という人ならともかく、仕事で稼いだお金の使い方がわからないと仕事へのモチベーションが続きません。おいしいものを食べる、欲しかったものを買う、行きたい場所へ旅をする、習い事をする、といったことは生活に彩りを添えます。結果として、仕事の幅が広がるきっかけになることもあります。

　そうは言っても、私も働き始めた頃はなかなか余暇を楽しむ余裕はなく、連休や夏休みに少し出かける程度でした。生まれ育った家が「ムダづかいをしてはいけない！」という方針のうえに、身近な人に金銭トラブルを起こした人がいたこともあって、お金をつかうことに後ろめたさを感じていました。

　金銭教育というと、どうしても自己破産や詐欺などのトラブル面ばかりが強調されがちですが、それと同時に自分に合ったお金の使い方を見直す、未来のために貯金や投資をするといった視点を持つ必要もあるでしょう。

　新しい生活を始めるにあたり、私はまずパソコンで家計簿をつけ始めました。そして一定額を貯金やデパートの友の会に積み立てし、残りの金額で暮らすことを意識しました。今ではさらに家計簿ガイド本を参考に予算を組んでそこから差し引き、収入の範囲内でやっていくよう心がけています。夫の帳簿管理も私が一手に引き受けています。

　実家にいた頃は洋服などを買うにも親の目を気にしていましたから、

自分で稼いだお金で好きなものを買える喜びはひとしおでした。夫（当時は結婚前）も「もっとオシャレしたほうがいいよ」「こっちのほうが似合うんじゃない？」、とデートを兼ねて一緒に買い物や食事を楽しんだものです。夫は古い車が趣味なので、ドライブがてら遠出をして温泉や観光を楽しんでいました。映画や美術展に行くのも好きなので時間を見つけて出かけています。

　余暇を楽しむためには収支のバランスを意識する必要があります。夫は以前、何度か私に無断で高価なものを購入し、「だって車を維持するには絶対に必要だから……」と言っていましたが、いくら彼が稼いだお金でも暮らしを続けていくにはそれでは困ることを伝えていきました。彼も私が和服を着るようになり、自分では絶対買わないものの値段を知ってから自分がかつてどんなことを妻にしたのか、私が当時どんな気持ちになっていたのかをようやく理解したようです。

　今では車検の予定や和服のクリーニング時期のスケジュールを見越したうえで、多少の臨時出費があっても対応できる額を娯楽費として予算に組み込んでいます。増税後もできるだけ今の予算内で暮らすことを強く意識していますが、ポイントを絞って工夫することがこれからはもっと必要になりそうです。

　また、夫は私と暮らす前から猫を飼っていて、間もなく20歳（人間の年齢に換算するとほぼ100歳）になります。ペットがいることで夫婦の会話も増え、生活にも張り合いが出ているようです。高齢なのでだいぶ足腰が弱り、夏になると暑さで体調を崩すため、若い頃よりは確実にエサや獣医への通院費といったお金がかかるようになりましたが、こちらもある程度予算を組んで対応しています。

　わが家の猫は、私たち夫婦以外の人に懐かないため長時間家を留守にするのが難しくなってきましたが、お互いのスケジュールを伝え合い、

第3章　就職活動と社会に出てから

親の介護の予行練習と思ってできるだけ猫が身の回りのことを自分でやれるよう試行錯誤しています。

　改めて思うに、余暇があることで生活の試行錯誤をしてみたい、と人は思うのかもしれません。節約ばかり考えるとどんどん生活が苦しくなり、精神的にも追い詰められてしまいます。もちろん減収になればこういった費用は削らざるをえないのですが、生活に潤いを与えるための必要経費を確保しておくことも大切だと私は考えています。

✓ 最後に

　夫も私も、今まで随分多くの人の助けを借りてきましたし、今後もきっと多くの人に支えてもらいながら仕事を続けていくことでしょう。就労支援の話になると、とかく「自立」を促す話題になることが多いですが、私はいかに自分でできることを把握したうえで親以外の人に助けを求められるか、最低限の信頼関係を築けるかだと感じています。

　多くの人を見ていると、仕事を通した信頼関係は金銭という対価があり、やることがある程度明文化されているため、学校や家族関係での協力よりもわかりやすい面があると感じます。よく保護者の方々は「家のこともよくできないのに……」とおっしゃいますが、もしかしたら仕事をするためという目標ができることで変わるかもしれません。

　当事者の方々にとって最も大切なことは、どんなかたちであれ「自分は社会とつながっているんだ」ということを理解し、自分もその一員として「社会に参加したい」と感じることです。それは労働以外のことかもしれませんが、自分の居場所を少しずつ試行錯誤しながらつくっていくことこそ、親として保護者の方々がやって見せられることなのかもしれません。

発達障害のある子どもたちの学習指導
－個人指導奮戦記

渡邊 典子

◎ 学習教室の開設

　今から30年前、中・高一貫校で教鞭をとっていた当時の私は、学習障害も発達障害もその概念を知らず、振り返ってみれば、勉強に苦労していた生徒たちの中には該当者がいたように思います。見事に左右が反対の鏡映文字を書いた子、漢字の読み書きや数学が極端に不得意な子、風変わりな子、など、思い出せば今でも顔が浮かんできます。

　退職を機に、子どもたちそれぞれの力に合わせた丁寧な指導がしたいと思い、個人指導の教室を開きました。生徒のほとんどが、地域の進学高に進んだ子たちで、彼らはやがて旧帝大系大学や有名私大、医学部等に進学し、それぞれが志した道を歩んでいます。教室を開いて10年ほどたった頃から、生徒の中になかなか学んでくれない子どもが混ざり始め、偶然、後に発達障害の専門家となる方と知り合ったことで、私自身がしっかり発達障害を学ぶ必要性を感じ、大学院へ進学することになりました。発達障害のある人の中には、学習や知識を積み上げることに困難を感じる人がいることや、そのメカニズムを僅かながら理解できましたが、指導法に鉄則はなく、大学院を卒業後も勉強を続けています。

　ここ数年は自宅で開いている教室の他に、予備校で大学進学を目指す優秀な高校生を、専門学校では、「もしかしたら入学以前から学習に何らかの困難があったのではないかと」推測される学生さんも混ざった教室で、英語を通じた学び直しのお手伝いをしています。自宅

の教室には、小学生から高校・大学・大学院の学生さんまでいますので、学習に困難を持つ子どもが、青年期に達するまでにどのような成長を遂げるのかを、自宅の内・外で知ることができます。

◎ 学習に困難のある子の特徴

日頃、彼らの指導にあたる中で、その様子を観察していると、子どもたちは2つのタイプに分けられるように思われます。以下に両者の違いをまとめてみました。

表　学習に困難のある子と勉強ができる子、それぞれの特徴

学習に困難のある子	勉強ができる子
・失敗を恐れ、挑戦したがらない	・意欲的に物事にあたる
・失敗を受け入れ、検証して、次の段階に繋げることをしたがらない	・失敗を前向きに捉え、失敗から学ぼうとする
・同じ間違いを繰り返す	・同じ間違いを繰り返さないよう、教示されなくても気をつける
・例示から解答を導くのが苦手	・例示や経験的に学んだことを上手く利用できる
・好きではないがしなければならないことに努力を惜しむ。指示されないと行えない	・何事も主体的に取り組める
・指示通りにすることが苦手	・指示通りにでき、さらによりよく行おうとする
・物事の段取りを考えることが苦手	・計画／立案し行動に移すことができる
・自己表現が苦手	・自己表現が上手で、人を動かせる
・言外のメッセージを理解することが苦手（文字通りの意味に受け取ってしまい、相手を察するのが苦手）	・その場の空気を読み、相手の立場を察せられる

発達障害の有無に関わらず、それぞれの行動傾向や性格に個人差があるのは言うまでもありませんが、発達障害のある子ども一人ひとりの特性に合わせた指導を試みるうえで、特に考慮したことが以下の3点です。①一日の大半を過ごす学校で、級友や先生方から認められることにより自尊感情を高める、②成功体験の積み重ねから、目標を達成したときの喜びを体験させて自信を持たせる、③自ら目標を作り、それを達成するために努力を重ねる。これらは、学校を卒業したのち、社会生活を送るようになるまでには、是非とも身に着けておいて欲しい感覚および習慣です。

　発達障害を持つ子どもたちが、学校生活の中で活躍する機会は決して多くはありません。現実には、「その他大勢」のまま、もしかしたら発揮できるかもしれない才能や能力を開花させることなく、日々を過ごしているようです。教育現場に携わる方には、発達障害を持つ子どもたちに活躍の場を作っていただけることをお願いします。そうした場での経験や失敗を通じて、彼ら・彼女らが社会に出たとき、自らの頭で考え行動するための力が養われていくと思うのです。

◎ 発達障害を持つ子への教育指導

1. まずは繰り返し口頭で説明―指導の基本姿勢

　教科の指導を通じて実践してきたことをいくつかお話ししましょう。誰でも、自分の好きなことは言われなくても頑張れるでしょう。しかし、好きではないけれどしなければならないことを、どれくらい真剣に努力して取り組めるかは、本当に重要な問題です。義務教育の間はまだいいのですが、高校やその後の進学となると別問題です。そして、その時期は必ずやってきます。ですから、実社会につながるような指導方法に工夫する必要がありますし、保護者の方には、現実を受け止めて前向きに取り組む気持ちを持っていただけるように努力し

ました。早い時期からお子さんに接する機会を得て、保護者の方にも協力していただける場合は、ある程度の成果を上げることができました。教室での指導方針をご理解いただき、家庭での教育と歩調を合わせ、双方が同じ方針で指導することが大切です。

　説明をするときは、まず口頭でゆっくり説明します。最初から図や表を使っての説明はしません。生活の場面では、口頭で指示されることがほとんどだからです。次に、問題をいくつかの段階に分けて説明し、図解します。それから生徒と一緒に問題を解きます。したがって、一つの問題を最低3回は説明することになります。一緒にやって手順がわかったようなら、今度は生徒だけで解かせます。

2. 算数・数学

　算数・数学で、何度も考えたり計算したり、手間をかけないと解けない問題に出くわすと、発達障害のある子どもたちはよく泣いていました。「何で泣いてるの？」と聞いても明確な答えは返ってきません。しかし、この類の問題を解けるようにならないと、テストで平均点を上回れないのです。そして、テストの点は立派な点であることが望ましいのです。なぜなら、「へー、すごいね！」とか、「頑張ったね！」と学校で周囲から褒めてもらうことで、自尊感情を高め、成功体験を積み重ねていって欲しいからです。この瞬間があると思えば、どんなに泣かれても、なんだか悪いことをしているような気持ちにさせられても、耐えることができました。

　また、同じ種類の問題を連続して解かせて、解法をパターン化して覚えさせるのですが、始めてから数問解くと、決まって間違えます。おそらく、一定の時間が経過すると、混乱するのではないかと思われます。解法をきちんと踏襲できるようになるまでには、指示通りにできないことも多々あり、手抜きもよく見られます。その都度指摘し、やり直しをさせますが、この段階でも泣くことがあります。「泣くほ

どいやならやめようか？」と聞いても、「やめる」とは言わないので、心を鬼にして、一定の理解が得られるまで繰り返し繰り返し、根気強く問題を解かせます。

3. 国語・英語

　漢字は、文字を分解して、読み方の理解の助けとなるように指導しています。一つの漢字をばらして紙に書き、一緒に書き順を確認しながら書きます。英語は、一音節の単語の読みから始めて、できるだけ音韻と綴りを対応させながら、書いたり読ませたりします。Key Sentenceは、小テストにして暗唱させます。単語は読めないと書けませんから、私がまず発音し、生徒に復唱させ、次に一人で発音させます。英語の構文や文法については、基本事項を説明して、口頭で単語の入れ替えによる文型練習をしてから、書いて解く問題で指導しています。

　また、高校入試や大学入試のときに「はく」をつけて、少しでも選考時に考慮してもらえるように、中学で英検3級、高校で準2級取得を目標に頑張らせてきました。実際、内申点は基準に満たなくとも、英検3級を持っていることで受験させて貰えた学校もありました。合格証書は、彼らの宝物になっています。

◎ 小さな成功体験を積み重ねる

　これまで、やがてくる学校教育からの卒業を念頭に、勉学を通じて単に知識を教えることだけではなく、その子の生き方にも通じる事柄を掴み取って欲しいと、日々奮闘してきました。私自身、彼らから多くのことを学びました。しかし、私個人の努力には限界があり、無力感を覚えることも多々あります。学校やご家庭でも、長期的視野に立って、その子がどのような社会参加ができるのかを常に念頭に置いたご指導とご理解をいただきたいと切に願っています。彼らが小さな一歩を重ねていけるように、これからも背中を押し続けます。

第4章

採用に関わる留意点

当事者が抱える悩みや不安

　発達障害を持つ方からの就職に関する相談や問合せを受けます。その多くは、就職活動を始めるも思うような結果が出せず、卒業前後の時期に切羽詰まった状態になって、ようやく訪れる新卒学生の方々です。または卒業後いったんは就職して社会に出たものの、業務にも職場の人間関係にもうまく馴染めず、つらい思いをして早々に退職し、これから自らの進むべき方向を見失ってしまった状態の第二新卒の方々です。それぞれ置かれた立場や状況は異なりますが、相談されることは大体似通っています。

　この章では、当事者が新たな世界に踏み出そうとして、どんなところにつまずき、何に不安を感じて悩んでいるかを相談内容の中からピックアップし、就職に当たって知っておいて欲しいことを綴りました。

　保護者や学校関係者の支えのもと、学生として長い間同じような生活スタイルを送り馴染んできた方々も、学歴が進むにつれて段階的に自主的な行動が求められるようになっていきます。卒業を境目にして、その後の進路を自力で切り開いていかないといけないような状態になります。

　社会には出たものの、これまでとはガラッと異なる環境下で過ごすことになり、何を求められているのか、どう振る舞えばいいのかがわからなくなり、踏み止まろうかどうしようか思案している人も多いことでしょう。なかには居場所がなくなり、職場から去ってしまう事態になってしまった人もいるかもしれません。そのような経過の中で、本章が当事者の抱える悩みや不安へのアプローチを考えるきっかけになればと願います。

社会のことを知る

　一般に、高校までは授業のカリキュラムが組立てられていて、それに従い、その中で成績を修めていればよいですが、大学ではもう少し自由度が増し、履修科目の選択や卒業研究のテーマ決めなど"自分で選ぶ"という行為が多くなっていきます。進学するにつれて、学生の自主性が重んじられるわけです。

　発達障害のある人の中には、特性の一つとして、こだわりの強さや興味の偏りがあるため、限られた情報源の中から自分に必要なものを見つけ出そうとしても見つからない、という苦手さを持つ人がいます。また、いくつか選択肢があっても何が必要なのかの見極めができないため、その中から選ぶことが苦手な人も少なくありません。

　発達障害のある学生は、サークルや部活動などの課外活動やアルバイトなどの簡易な労働に時間を割いている人は少なく、それ以外での活動も限られている、もしくは家庭と学校との行き来しかしていないという状態にあり、社会のことを知らないと言われることがあります。

　また、さまざまな場面で社会性の欠如が垣間見られますが、保護者が本人に代わって、何事にも先回りしてお膳立てをしてしまうこともあります。本人自身が自主的に行動しないこともありますから、そのまま見ていられず、保護者がどこまでも手を出したくなってしまうのです。保護者に言われるがままになっているので、余計に自主的な行動や将来の自立が危ぶまれることになり、職場や集団の中に立った場合でも、何もしない、何も感じないということで、周囲から疎まれてしまう可能性もあります。

特に高学歴の方は、専門性のある学問を学んだこともあり、そこでの知識を基準にして物事を語ろうとする傾向があります。それがすべてを物語っていると思い込んでいるところもありますし、特性の影響もあって、柔軟な視点ではなく直線的な視点で物事をはかろうとするので、融通が利かなかったり、意固地に主張を曲げなかったりします。

　また、インターン実習の際、社会人との接点が経験上ないがために、どのように付き合えばよいかがわからず、経営者に対して横柄で不謹慎な言葉を投げかけてしまい、実習が即刻取りやめになってしまうようなトラブルもないわけではありません。特に対人関係において、心証を悪くしてしまうという事例が多くあります。また、良し悪しの判断基準も自己が中心的になることもあり、良かれと思ったことも実はそうではなかったと気づくことが難しい場合があります。

　会社という組織に入れば、外では属する組織を代表する位置づけにあり、責任ある行動が求められ、社会人としても見られるので、常識的な判断を持っての行動が求められます。また、融通が利く、お互いで折り合いをつける、本音と建前、根回しをするなどの人間関係をはじめとするさまざまな事象における調整が求められます。

　このように社会一般ではまかり通っている曖昧な考え方が理解できなかったり、選択肢を見誤ったりして、社会適応しにくくなっているのです。これらは仕事以外の部分で、より多く遭遇することになると思われます。これらのことは、一般の学生にも言えることかもしれませんが、気づくことも修正することにも困難さを伴うのが発達障害の特性を持つ当事者です。どれだけ、人との関わりを作れるか、増やせるかがカギになるものと考えます。日常生活圏以外の人、世代の異なる人との関わりをどれだけ増やし、関わり方を学ぶ機会、失敗も成功として経験できる場を就職活動の前段階で作れるかが今後の課題になるでしょう。

自分の特性を知る

　自分の持つ特性について、正しくわかりやすく説明できる人は多くないように思われます。何かしら周囲との違和感なり衝突があって、ギクシャクしてしまうなどの困り感を訴えることはできても、自分のことや自身の特性のこととなると途端に詰まってしまう、うまく表現できずにもどかしさだけがにじみ出ている人は少なくありません。説明するための表現の仕方がわからない、あるいはわかっているようだけれども、実はごく一部しか理解していないという場合もあります。なかには何も気づいていない人、自分の特性がわからず混乱している人もいます。

　発達障害のある人は、過去にあったさまざまな体験について成功体験ではなく失敗体験から話す傾向があります。そのため、「○○できない」などの否定的な話し方になってしまいます。どうしてもネガティブなことに視点が集まりがちかと思いますが、とりわけ就職面接においては自分をアピールするための長所や成功体験を挙げておくことが大切です。

＜ポジティブな特性表現（例）＞
・画像としての記憶が長期記憶として残る
・生真面目
・言葉へのこだわりがあり、丁寧な伝え方を追求する
・物事をはっきりさせないと気が済まない

＜ネガティブな特性表現（例）＞
・聴覚での記憶は弱く、電話の聞きもらしが多い
・不注意がひどく、忘れっぽい

・数の概念や計算が苦手
・同時処理に限界があって、要領がよくない
＜どちらとも分けられない特性表現（例）＞
・こだわりが強い
・「適当」がわからない
・言われないとわからないことがある
・ありえそうな微妙な冗談はわからない

　ここでは、ポジティブな特性、ネガティブな特性、どちらにも分けられない特性の表現例をそれぞれいくつか挙げてみましたが、自分の特性を知ることが、次に「できること・できないこと」（p.101）を知ることにもつながっていきます。
　自分が気づいていなかった新たな特性や特徴を指摘されて、ショックを受けたり、ガックリ落ち込んだりすることもあるかもしれませんが、決して悲観的になる必要はありません。自分のことが一つ明確になったと前向きに受け止めて、自分という人間を素直に認めることが肝心です。
　「自分のことはよくわかっている」「自分の特性はこれだけです」と言う人もいますが、見落としている、または気づいていないケースも多々あります。周囲の人との意見の食い違いを生まないためにも、周囲から客観的な視点から見た評価や、自分では見えていない特性を割り出してもらうことが必要です。自分の行動や言動が正しいかどうか判断がつかない場合は、複数の人にその正当性を確認することも一つの方法です。そうすることで、自分の判断基準の微調整ができ、人によって異なる思考や判断の多様性を事例として学び取り、自分なりのノウハウとして蓄積できるでしょう。就職活動に入る前には、自分が持つ障害特性を受容して、その特性について整理しておくことが望ましいと言えます。

支援者との連携

　発達障害のある新卒学生の場合、保護者が同伴で相談にくるケースが多数あります。学校生活以外のことは自分でどのように動けばいいかわからないということもあって、保護者が唯一の相談相手、身近な支援者という位置づけになっています。一方、第二新卒者の場合は、就職して多少なりとも社会経験を持つものの、保護者にも話をせず、他の誰ともつながらず、一人で悩みを抱え込んでいることが多く見受けられます。

　自分の持つ違和感に気づいて、専門医による診断判定ののち、発達障害の特性があることを知り、それについて自ら調べ出すというのが自分のことを知る流れです。なかには、自ら気づいておらず保護者のみが知っている場合や、本人は障害受容ができず保護者のみ焦るという場合もあります。他方で、残念ながら、唯一の存在である保護者からは突き放されてしまい、当事者一人が受け止め、前を向いている人もいます。学生の中にも、自身の状態、障害特性などを認めたくない、見せたくないという思いから、相談に行くことを躊躇している人もいます。人知れず自分の中で抱え込み、苦しい思いを募らせているのです。

✓ 支援者の思い

　大学内のキャリアセンターや学生課の相談窓口、カウンセリングルームなどの担当者の中には、学内のさまざまな部署との連携もあり、違和感を抱えて困っている学生の存在にすでに気づいている人もいます。そのような担当者は「あの学生は、もしかしたら障害特性を持って、一人

で悩みを抱えているかもしれない」と考え、彼らが窓口へ相談しに来ることを実はずっと待っています。ただ立場上、本人から申告や申し出がなければ積極的にアプローチできないので、学生からの声かけを待ち望んでいるのです。なかなか一人では相談に行きづらいかもしれませんが、個々に抱える事情を話せば理解してもらえるはずですので、一歩踏み出して窓口に赴いて欲しいと願います。

✓ 支援者はどこに？

「身近にいる誰に相談すればいいかわからない」という声もよく聞きます。学生であれば、学内の窓口である学生課やカウンセリング室、就労の現場では、公的支援機関である発達障害者支援センターの相談窓口、地域の障害者生活・就労支援センターの担当者やジョブコーチ、就労訓練の事業所などに支援者となってもらえます。就職の前後を通じて、継続的かつ包括的に見守ってもらえる支援者とのつながりは絶やさないようにしたいものです。

とはいえ、発達障害に関しては、医師の判定でも悩むことがあり、個々の多様性の幅が著しく広く、二次障害の併発もあって当事者との向き合い方がとても複雑になることがあります。そのため、専門性をうたう支援機関ですら、場合によっては見誤った支援を行うこともありえます。

支援する中で、こだわりや不適応行動に目がいってしまうために、その奥底にある原因や関連する背景にまで及ばないことがあり、根幹の部分が支援に反映できなかったり、当事者からのシグナルを見落としたりして、事態が悪化してしまうこともあります。そのため、ある窓口に問い合わせても、「満足のいく答えをもらえなかった」という当事者の声も聞かれます。これからは支援する側の能力や質の高さも問われてきます。

できること・できないこと

　"できること・できないこと"を知ることは、自分を知ることの一つになります。自力でできること、苦手なこと、どうやってもできないことがどんなことなのか、おぼろげな感じでしか捉えておらず、明確に示せる人が少ないように感じます。

　自分の中では、上手にこなしているものと思っていても、いざ周囲からの評価を受けると、芳しくない評価に憤慨したり他責に走ったり、落ち込んだりすることがあります。「できる」「こなせる」と自分で言っても、周囲から見るとそれに値しないことも実はあります。

客観的な視点を入れる

　自分でわかる範囲の"できること・できないこと"にはどうしても限界があります。それを見つけるためには、気づかないところを指摘してくれる人、客観視できる人の存在が欠かせません。

　職場で仕事をする場合、上司が仕事を任せたいと思っても、どのような作業ならばできるのか、どのような条件が必要なのか、苦手となってしまう要因は何なのかなどがはっきりしていないと、業務の切り出しすらできません。

　苦手なこと、これまでできなかったことでも、学習や訓練により向上する場合もありますが、すべての苦手・できないことを克服するのは難しいかもしれません。ただ、自分の得手・不得手が明確になれば、それを補う方法を講じ、配慮してもらいたい事項として示せるのです。

また、同じような状況や場面があったとしても、環境の微妙な違いからうまくいったり、失敗したりするので、過信も禁物です。

✔ ジョブマッチングに大きく影響

"できること・できないこと"という適性の延長線上には適職があります。"できること・できないこと"がすぐに適職に結びつくというものではありませんが、"できること・できないこと"の適性がはっきりしないために、仕事探しやマッチングで苦労することがあります。

例えば、特性上、苦手である職業や資格を目指そうとする人は少なくありません。その苦手を克服するために、勉強や訓練など努力を重ねても、もとより特性に合わないため、そう簡単には前進することがありません。特性上、合わない職務に就いたために、さまざまな仕事が切り出され、こなそうとするのですが、結局すべてにおいてミスを連発し、何一つ完了することがなかったという事例もあります。希望を優先したために、本当に自身でこなせることがわからないまま、就職した結果に起こったことです。また、「自分にできる仕事だけ欲しい、自分にできる仕事を探して欲しい」と要望する人もいます。自分が持つ特性による"できること・できないこと"を理解することがジョブマッチングに大きく影響するということを真摯に受け止めて、忘れないで欲しいと思います。

学生のうちに実際の仕事の現場で経験するという機会は限られていて、自分の力がどこまで通じるものなのか、自分にできるのかどうか、わかりにくいところはあります。しかし、どれだけさまざまな経験をするかが重要です。なかには苦しいこと、つらいこともあるかもしれませんが、その経験の内に自分のことを知るポイントがあるので、つらい失敗経験が無意味なものではないことを覚えておいて欲しいと思います。

見えない将来像の構築

　やっとの思いで就職して、毎日を四苦八苦しながらも与えられた業務をこなし、真面目に勤めてはいるけれども、10年後や20年後の働いている自分について尋ねられた場合、自身の将来の姿を思い描いて語れる人はそう多くはありません。

　特性上イメージができないとも言えますが、いま目の前にあることに精一杯の状態であるため、そこまで考えられなかったり、想像もしていなかったり、予想もしないこのような問いには戸惑うばかりなのでしょう。なかには、真剣にどうなるのだろうと考えすぎて、否定的な思考に陥り、メンタル面での疾患を引き起こしてしまう人もいます。

　障害の有無に関わらず、自身の未来、その姿を明確にイメージできる人はそう多くいるわけではありませんが、発達障害の特性を持つ当事者にとっては、さらに難しい問いかけになってしまいます。人によりますが3ヶ月後や1年後がわからないという人もいれば、数十年後のようにはるか先のことについて把握できないという人もいたり、時間軸の取り方に困難さがあります。管理職や部下を抱える指導的立場という存在と今の自分の姿にギャップを感じて未来を描けず、悲観的になって将来のことを考えることが苦痛になったりします。また、特性上、合わない方向に進もうとして、さらなる困難を自らに課そうと考える人もいます。

✓ 支援する側の課題

　自分の立ち位置と、今から描けるいくつかの選択肢、そしてそこに至

るまでの条件や困難さを示すことが当事者にとって大事なことになるものと思われます。その中には、本人が望まないような大きな転身も含まれることになります。まだまだ企業では、障害を持つ従業員のキャリアパスを考えるというところにまでたどりついていないのが現状です。キャリアパスなどの当事者の将来像については、発達障害だけではなく、障害を持つ人全体にも言えることで、支援者のみならず社会全体が考えなければならない課題になるでしょう。

プライベートに関すること

　当事者からの相談内容は仕事のことだけとは限りません。誰もが人として豊かな生活を望むことは当たり前のことですから、恋愛や結婚などの話題も若い世代ならば関心もあり、興味を持ちます。その反対に不安の一つにもなるのです。特性も絡んで、人との関わりの範囲や深さの度合い、情報の偏りにより、就労だけではなくプライベートな話題でも、一人考え悩んでいるのです。

　そのため、周囲で支える立場の人が過度に期待を持たせるような言動や曖昧かつ不適切な情報を与えてしまうことによって、欲する思いが強くなりすぎて、不適切な行動に走ってしまう可能性があります。相手の立場に立って考えるという点で想像しにくい人もいますので、人との付き合い方が課題となる場合には、自分ではない相手が存在するということ、他人が自分と同じ思いや考えを持っているとは限らないこと、独りよがりにならないようにすることなどを本人に理解してもらわなければなりません。特に、恋愛などの特定の人との関わりには、慎重になることを伝え続けます。心と体のバランスが崩れて、強い思いだけで突き進むことがないように念入りの対応が支援する側に求められます。

就職活動の進め方

　発達障害のある学生から受ける相談のうち最も多いのは、切羽詰まってしまった卒業後の進路および就職活動自体をどのように進めればいいかわからないという悩みです。

　一般的な学生では、学内のキャリアセンターなどが開催している各種就活イベントや外部の会社説明会に参加したり、窓口で相談したりして、自らの段取りを組み上げて、それに従って活動を行う、という就職活動の流れがあります。

　しかし、これらの就活イベントでは対象となる学生全体に向けた大枠での解説しかないので、発達障害のある学生は、自分の場合はどのように進めればいいかわからないままになっています。疑問や不安な気持ちを抱いていても、相談窓口に何をどう問い合わせていいかわからず、出向くことも億劫になってしまうということがよく起こります。

　はじめは一般雇用枠での就活・応募をしようと、周囲の行動をまねて活動するのですが、結局よい結果を得られません。客観的な指摘も含めて自己活動の評価ができていないため、うまく進まない原因もわからず、堂々めぐりをして時間だけが過ぎていくのです。その後になって、自分の障害特性が判明したことなどをきっかけに、一般雇用枠でなく障害者雇用枠での活動に切り替えようと考え始めます。

　この段階でよくあることですが、本人の思い込みもあって、一般雇用枠での就職活動と障害者雇用枠での就職活動のどちらかを選ばなくてはならないと真剣に悩む人もいます。障害特性の度合いや知能、スキル、社交性などにより、一般雇用枠での就職は困難と判断される場合もあり

ますが、障害特性をクローズにしたままでも、うまく立ち振る舞える術を持っている人であれば、どちらの活動も並行して進めることができます。ただ、障害をクローズにした場合、職場での配慮が得にくくなり、就職活動も就労自体も大変厳しく、ハードルが高くなることを覚悟しておかないといけません。

　なお、学内のキャリアセンターや学生相談窓口では、障害者雇用について詳しく知っている所は少ないので、外部の機関につなげようとします。例えば、障害者職業センター、発達障害者支援センター、障害者生活・就労支援センターなどです。若年就労支援も行うハローワークとも連携を取っているので、包括的な支援が行われます（p.121）。

✓ 長期的な展望を持つ

　一般の新卒採用は、文字通り卒業を機会としたものですが、障害者雇用枠になると新卒だけではなく年間を通じて採用の機会が持たれています。"新卒での就職"、"卒業という期限"を気にするばかり、焦ってしまい当事者にとって大変つらい状態になってしまうので、長期的な展望を持った計画を立てて進めることが一番望ましいと考えられます。

● Aさんの場合

　就職に関して何も準備をしていない状態で最終学年を迎えてしまい、卒業に必要な単位も取得できるかどうかわからないという状況にいたAさんの場合、学業と就活との同時進行は特性・体力上の問題から難しく、このままではどちらも得ることなく時間だけを無駄に過ごしてしまうおそれがありました。自身の障害特性についてはある程度は理解しており、フォローのない就労に対する不安もあって、一般雇用枠よりも障害者雇用枠での就職を目指したほうがいいのではないかと考え出したとこ

ろでした。

　Ａさん本人と保護者、支援者も交えて協議した結果、とりあえず卒業することを目指すということで本人の合意を取りました。卒業後に就労訓練を行う事業所を活用して、社会・職業訓練を受けながら就職を目指すという見通しを立てることにより、本人が向かうべき方向が定まり、学業に専念できるようになりました。履修計画についても、体力面を考慮して単位不足がないように相談しながら決めていきました。試験や課題の対策についても、事前にスケジュールを立てて早めに動き、期限に間に合うように調整しました。

　Ａさんは夏休みなどの長期休暇の際には、一般企業にて短期の職業体験を受けるなどして職場で働く感覚をつかみ、仕事をこなすことの難しさを肌で感じました。単位取得や卒業論文の作成も順調に進めていけるようになり、その合間に合同面接会に参加して、いくつかの企業面接を受けるなどして経験を増やしていきました。その後Ａさんは、なんとか履修単位も取得し、卒業を確実にしましたが、残念ながら在学中の内定取得はかないませんでした。しかし、卒業後に徹底した職業訓練などを受けることにより、障害者雇用枠での採用につながりました。

早めの準備が肝心

　このように十分なる訓練を重ね、就職活動に対応をしていこうとすると、時間が必要です。理想としては卒業が見えてからではなく、もっと早い段階から就職のための準備を始めたいものです。

　卒業という区切りがあるので、どうしてもそれを期限として捉え、そこを基点にして活動してしまいがちです。しかし、発達障害の特性を持つ人の就職活動には、長い時間をかけた地道で着実な職業訓練を通して

さまざまな経験を積み、仕事を探していくことが大切です。また、就職活動の中では何を優先するか、後回しにするか、見通しを立てるための取捨選択も必要な場合があることを覚えておくことが望ましいです。

保護者の関与は必要最小限に

　本人に代わって、保護者が就職活動に関するすべてのお膳立てをしようと動いている様子を見ることがあります。「何とか就職させたい」という保護者の思いは強いのですが、本人の状態や特性と希望するレベルとの差が大きく、状況の理解にズレが生じていることもあります。
　本人自身も働くことの意味を理解していないこともあり、本人が就職したいという強い意思を持っていない状態では、言われるがままに行動しただけとなるので、採用選考も進まない状況になったりします。
　また、就職できたとしても、職場で何か嫌なことに遭遇すると、すぐに辞めてしまい定着しないことも起こります。保護者の関わり方としては、できれば就職に関する情報提供もしくはそのヒントをさりげなく見せる程度にして、なるべく関与は最小限に留めておいたほうがよいかと思われます。本人に対しては、社会で生きること、就職することの意味を説明していくなど、意欲が湧くように働きかけ続けることが必要と考えます。

まずは就職活動の土台づくりから

●生活と健康の安定
　就職活動に入る前段階として、生活と健康の安定ができているかが土台になります。例えば、一日の生活サイクルが不規則で、食事や睡眠時

間が一定でなかったり、服薬のある場合は、決められた時間に服用できていなかったり、毎日の行動スケジュールがバラバラだと、時間や期限が重んじられる就職活動や職場就労ではうまくいきません。

● 身の回りのこと

　身の回りのことを自分でできるかどうかも大切です。必要なスキルは整理整頓、身支度・身づくろい・身だしなみ、挨拶などの簡単な礼儀作法、丁寧な言葉づかい、周囲の人へのおだやかな会話、落ち着いた身の振る舞い方などです。仕事を始めると、一人でさまざまなことをこなしていかないといけませんから、その基本となる身の回りのことをこなせるようになりましょう。

● 障害特性への理解

　自分が持つ障害特性についてもよく理解しておく必要があります。採用選考時に、面接官に自らの言葉で障害特性を説明できなければなりません。具体的には、自分の持つ特性がどういうものなのか、何が苦手で何が得意か、どんな場面で困り感を感じるのか、職場で欲しい配慮が何かをわかりやすく伝える必要があるのです。

　以上のような日常生活面での準備ができてから、ようやく社会人としての知識やマナーの習得、就職活動のための自己分析・職業適性、面接対策、企業分析・調査、求人調査、会社説明会への参加などを行っていくのです。

　このように、就職までの道のりには積み上げていく工程がいくつもあり、それを地道に時間をかけてこなしていくことで、採用につながっていきます。そのためにもより早めの対応が必要となるのです。

職場で働くことの意味

　これから働き始めようとする人は、就職して職場で働くことに対して、夢や希望を持つことと同時に不安も感じています。新卒学生であれば、働くイメージが湧かず、どんなことが行われるのか、すべてにおいて白紙の状態です。第二新卒者の場合は、また前職と同じようなつらい思いをしないだろうか、うまく馴染めるだろうかと考えたりします。発達障害を持つ人の中には対人関係や常識的な振る舞いの部分に課題があり、アルバイトにも就けなかったり、続けられなかったという人が多くいます。そのため、「職場で働くことの意味がわからない」という声も聞かれます。働くことに関して知っている、限られた情報をすべてだと思い込み、職場や仕事に関する偏ったイメージを持っている場合もあります。

「働く」とは

　働くうえで事前に理解しておくべきことは、①同じ場所で、目的（主に利益の追求）のために一緒に課題をこなしていく一員として選ばれたこと、②会社から与えられた課題をこなしていく責務を持ったこと、③責務を果たしたその対価として報酬がもらえるということ、④多くの人が集う場所でもあり、会社の中での関係を良好に保つことも責務の一つであること、⑤組織の一員として会社のルールに従うことが基本となること、などです。これらを十分に理解しないまま職場に入ってしまうと、トラブルのもとになります。

就職してから、自身が思っていたこととは違う現実を目の当たりにし、それが受け入れられず、去って行く人も少なくありません。また、好きなこと、興味のあることが仕事で、そうでないことは仕事でないので携わらないという人もいます。年齢が気になり、年下の若い上司から指示命令されることを不愉快に思う人もいれば、営業店舗で行われるような朝礼での挨拶唱和がまるで軍隊のようで自分の居場所ではないと感じて出社しなくなる人もいます。

　自分なりの仕事のこなし方や営業のやり方に関して上司から意見されることに対して、「強要されていた」「自分の思うようにさせてもらえない」という声もよく聞きます。しかし、その構成上、組織は上層部からの指示によって動いていくもので、基本的には部下は上司の指示に従うことがルールです。職場で働くということは、集団で上司からの指示に従って行動する環境下であることを理解しておかないといけません。

　その他、特性に関わることで、他の社員から何気なく仕事上のミスを指摘されただけでも、自分のことを否定されたと思い込んで、我慢ならないと感じてしまうこともあるようです。それがもとで、上司や周囲の社員との関係が悪化してしまうということもあります。我慢できない、受け入れたくないというこだわりの強さの表れが、職場に対する不満となって蓄積されてしまいます。

　一度は就職したものの、職場に馴染めずに離職した人の中には、社会や組織の中での決まりごととの葛藤を理由に離れていったという人もいます。その後の相談の中で、「先にわかっていたら納得していたかもしれない」「今になって理由がわかった」などの声を聞いたりします。

　職場で働くということがどんなことなのか、何が必要なのか、どう立ち振る舞えばいいのかを事前に知っておくことが、その後の行動にも影響するものと思われます。

障害を持って働くということ

　一般枠での就職が思うように進まず、その途中で障害特性の判定を受け、障害枠での就労を考えようとした場合、障害をオープンにして働くことへの不安感や嫌悪・拒絶感を持ってしまうことがあります。偏った情報による先入観もあってか、障害者として働くということ、障害をオープンにすることに対して、非常にネガティブな思いを持つ人もいます。

　障害の程度や度合いによって就労の現場は違ってきますが、やはり実際の現場を見ることが理解を深めるためには最適です。実際に障害を持つ人が働いている様子を見ることで、偏りが緩んでいくことがあります。

特例子会社を見る

　まずは、障害者雇用促進法に基づいた制度の上に成り立つ特例子会社を見てみることをお勧めします。特例子会社の中には、短期の職場実習を受け入れている会社もあるので、それを活用して、障害の程度や内容に応じた就労の実態を知り、働くことの体験と障害を持つ人が現場で活躍している様子を見ることで、本当の姿が理解できるでしょう。実際に実習を受けた学生Bさんは、「もともと自分が抱いていた障害者の働く場のイメージとまったく違っていた」「社員の人たちがいきいきと真面目に仕事に取り組んでいる姿が印象的だった。仕事の内容は簡単なようで、実は複雑で難しく、それを自分でもこなせるようになれば、やりがいを感じるだろう」と感想を述べています。なお、実習の申込みは、基本的には就労支援機関や教育機関などを経由して申込みます。

就労移行支援事業所を見る

就労移行支援事業所を見ることも就労のイメージを変えることに役立ちます。条件はありますが事業所では、利用に当たり数日間の短期体験を行っていて（事業所によっては、見学のみも可）、就職に向けて訓練を受けている利用者、障害を持つ当事者らの姿を見られます。一日も早く就職して社会に出ることを目指し、訓練に取り組んでいる利用者の様子を目の当たりにすれば、親近感が湧くはずです。

先輩に現場の話を聞く

すでに働いている当事者を先輩として、現場の話や自分が思っていたこと、考えていたことを直接見聞きする機会を設けることも効果があるでしょう。自分たちの知らない未知なる世界における話は、興味がそそられるもので、知らず知らずに耳を傾けることになりますし、それにより偏った情報のイメージを修正する機会にもなるからです。

企業側からも働くにあたって知っておいて欲しいことがあります。障害があるからと大目に見ることはありませんし、指示命令に従い、責任を感じて、与えられた業務を完遂してもらわないといけないということです。仕事に対する評価は厳しく、障害の有無は関係ないという点は、どの企業も変わりません。簡単な作業もあれば、複雑な工程や高度な判断が求められることもあります。どんな仕事であっても、取り組むべき姿勢は変わらないのです。一方、支援者は当事者の自己理解を導き、障害の有無に関係なく社会に貢献できることを伝えていくべきであり、企業側は取り組めるしかけや仕組みを整えていく必要があります。

仕事の仕方

　就職して短期間ながら現場で仕事の経験のある人から出てくる声として、「仕事の仕方がわからなかった」「どういうふうに仕事をこなしていけばいいかわからず混乱してしまった」などがあります。

2つの事例から読み解く

　ある研究員の補助として、検査業務の職に就いたCさんは、毎日提示される指示書の通りに順番に試験を行い、その結果を記述して残していく仕事に従事しました。一日の予定分を定時までに済ませられるかどうかは、自分の手際の良し悪しにかかっているので、成果はとても見えやすかったと言います。
　このように、すべての工程がマニュアル化され、一挙手一投足の指示通りに従うと、必ず間違いのない結果が出せる業務であれば、当事者も安心でき、自分のスキルや要領のよさで結果が変わるため、残業があっても、評価が低くても納得しやすいと言えます。ただ、ここまでわかりやすい業務が世の中にあふれているわけではありません。
　次に、少し特殊な事例ですが、Dさんは発注も含めた在庫管理を行う業務に就きました。職場に導入された管理システムの使い方はマニュアル化されてはいるものの、実際の運用になると、膨大な在庫データ等の記憶、作業自体の複合的な組み合わせの把握、そしてその業務経験の積み上げなど、職人芸的な能力が求められました。本人は失敗しながらも頑張って取り組むのですが、特性上もともと地道に時間をかけて積み上

げていくことが必要ですから、性急なる飛躍が見込めず、徐々に疲弊していく自分の不出来さに落ち込んでしまいました。

　特に学歴が高く、即戦力を見込まれて採用された人の場合、熟練した従業員が行っていた業務をそのまま引き継ぐというケースも多くあり、いざ業務に就いたが、業務そのものに適応できずに離職してしまうこともあります。任される仕事は高度で待遇もよいけれど、求められる成果は高く、配慮は最小限にとどめられるということもあります。

　なかには外部の支援者ですら、専門業務すぎてフォローできないというケースもあります。そもそも、このような事態になることは、ジョブマッチングの段階で見誤っているとしか言えません。「これならできるだろう」と思っていても、当事者が持つ特性から考えると、無理があったりするのです。当事者側としては、未知なる仕事を選別するというのはかなり難しいことではありますが、「自分に必ずマッチする」「十分にこなせる」という過信は持たないほうがよいかと思います。企業側も支援者も当事者も、マッチングの重要性を考えないといけないのです。

マニュアルがすべてではない

　仕事はすべてがマニュアル化されているわけではありません。マニュアル化されていないイレギュラーな仕事の手順も存在しているということを忘れてはいけません。当事者にも、職場の上司などの指導者にも言えることですが、不明な点があればすべてを明らかにしていくこと、先々の見通しが立つようにすること、些細なことでも確認をとることを行う必要があります。一つひとつの事象に対してお互いの納得を得ようとすると手間はかかりますが、関係をこじらせないためにも、お互いがこれらのことを理解して、向き合う姿勢を持つことが大切です。

専門性の高い仕事に就きたい

　発達障害のある人の中には高学歴の人も多く、その学歴をもって就職も容易なものとなるだろうと考えている人もいます。学校での成績は優秀で、難関と言われる大学に進学し、専門性の高い知識を身につけて、それに見合う資格も取得しているので、希望する職に就けば、何の苦もなくバリバリと仕事をこなしていけるものと考えています。

　また、知識や資格があれば、志望する職種の仕事をすべてこなせる、もしくは該当する希望の仕事を任せてもらえると思っている当事者も多く、保護者や学校関係者の中にも、同様に考えている方々もいます。

　他方で、本人自身は自分の特性や置かれている状況をきちんと受け止めて、自分の居場所となるところを探していきたいと思っているにもかかわらず、保護者や学校側から高いレベルでの就職を求める声を聞き、自分の意志をわかってもらえないと悩んでいる学生もいます。

知識や資格はあくまで道具の一つ

　コンピュータが好きで、詳しい知識を持ち、学校でもプライベートでも何も苦労することなく使いこなせるという新卒学生も少なくありません。就職面接の中では、自分の強みとして「パソコン操作やアプリ機能の知識などを熟知して使いこなせます」と説明する学生もいます。

　しかし、企業の現場では、仕様や制作手順書に書かれたこと以上に、その成果を利用する他の人のことを考えて、制作物の使いやすさ、デザイン、汎用性などを工夫しながら制作できるようになれば一人前に値す

ると言われることがあります。単にパソコンが使えるだけでは、仕事をこなせるとは言えません。ただ実際問題、そこまで求められても特性上、ハードルが高く、その域に到達することは簡単ではなく、どれだけ近づけるかは今後の支援と本人の成長次第ということになります。

企業は"人物"も見ている

　採用選考では、学力やスキルだけを見ているわけではありません。選ぶ側も、しっかり人物を見て選んでいます。職場は人が集う場であり、世代を越えた複数の老若男女が同じ環境下で働いているので、コミュニケーションのレベルの他、集団内での人間関係作りなどが、求められる人材要件として取り上げられます。言いたいことを伝えようとする行動、聞く姿勢も大切ですが、素直に真面目に指示に従い、辛抱強く、課題に取り組んでくれることを一番に願っています。

ジョブマッチングの難しさ

　自分に合う仕事が何かわからず、「自分の持っている特性を活かして欲しい」「どの仕事が特性に合うのか教えて欲しい」と支援者に切望する当事者もいます。特性と仕事とのマッチングにまだまだ課題があり、確固たるつなぎ方ができていません。

　支援者のスキルや経験、業種・職種それぞれにおける業務範囲や取り巻く環境などに影響して、実際の職場の中では、本人が持つ特性を完全に活かしきれているかと言えば、まだ何とも言えないというのが現状でしょう。多様性と深みのある発達障害であるがゆえ、ジョブマッチングの難しさがあることを認識しておくことが望ましいと言えます。

職場内での配慮

　障害をオープンにすることを前提とした障害者雇用枠の就職においては、基本的にその障害特性に応じた合理的配慮が施されます。
　大事なことは、採用選考の段階から、自分の特性をできるだけ理解し言葉として説明できるかということです。ただ、現状の職場での配慮のことを考えると、注意しなければならないことがあります。

✓ 配慮に関する留意点

　昨今、障害者雇用が促進され、配慮の認識は進んではいるものの、テキスト通りの理解でしかなく、ステレオタイプ的に捉えられてしまうところが多くあります。そのため、言われたこと、指摘された配慮事項だけを対処すれば、すべてうまくいくと考えている職場の担当者もいます。
　また、度合いの異なる多様性のある特性ということが見えていない場合もあります。働く側としては、伝えた配慮は徹底されるものと考えてしまいがちですが、すべての困難さに対して配慮が施されるかと言えば、そうではありません。
　職場の事情や状況によって、物理的な面やマンパワーの面で行き届かない場合もあります。また、配慮が行き過ぎると、自力で仕事をしているという実感が持てず、結局誰が仕事をしているのかわかりにくくなってしまいます。
　持っているすべての特性や苦手なことをおしなべて伝えた場合、相手がこんなに多くの配慮が必要なのかと驚いてしまい、「弊社ではそこまで

充実した対応は取れない」と引かれてしまう可能性もあります。したがって、持ちうる特性については、すべて把握しておくことは大切ですが、支援者と相談しながら、仕事をするうえで欠かせない配慮の優先順位を決めて取り上げておき、表現できるようにしておけばよいと思います。

配慮の優先順位を決める

最もわかりやすいのは、見た目もはっきりしている物理的な配慮、仕事に集中しやすくするための座席、周囲の雑音、採光、空調などに反応する感覚過敏を考慮しての位置割り当てです。

遮光・遮音処置、座席移動が代表的で、業務そのものでは、手順やマニュアルの整備、電話対応の制限などがあります。

人が関わる場合などではすべてが型通りに進められないという点は理解しておく必要があります。例えば、予定変更などの突発的な事象の発生、それに伴う指示変更など、業務に相手となる人がいる以上、変化がつきもので不可避なことであると認識しておかなければなりません。

できる限り、そうならないように職場で緩衝する手立てを講じたりするのですが、その限界もありますから、すべてが思うようにはならないことを念頭に置いておくことが大切です。

受入れ側の心がまえ

● 定期的な面談の実施

最初は、職場側の対応にも不慣れな点もあって、上司や先輩社員などが入れ替わり立ち代わり見守り続けていくものですが、時間が経つにつれて、特に大きな問題がないからと、見守り度合いが低くなっていき、

最終的には放置されてしまうこともあります。そうなると、ミスがあっても気づかれず、それが蓄積されて、気づいたときには手のつけられないほどの問題になることもありますから、職場内での定期的な面談を通して、小さな変化がないかどうかをチェックしていくようにします。

● 職場環境の見直し

感覚過敏、記憶定着などの特性が環境面からの影響を大きく受ける事例があります。

● 職場倫理の整備

配属された部署において、他の従業員が上司からミスを指摘されて叱られている様子を見たことで、心理的にストレスを感じるようになり、自分も同じように叱られるといった思い込みから、離職に走ってしまったという事例もあります。恒常的にこのような場面が起こっているというわけではないのですが、特性を持つ人にとっては、心理的にもつらい記憶となります。障害者雇用に関する職場の環境整備というだけでは、なかなか整えることのできない部分であり、本来はハラスメントの問題として取り上げられることになるので、まずは障害者雇用以前の問題として職場倫理の整備が必要となります。

● 社内ルールや慣習

入社してみないとわからないルールや慣習というものがあります。なかには全社的な取決めなどもあります。それも長年の間、その組織の中で培われ定着しているような取決めがあったりすると、そうそう簡単に変更できるかと言うと、相当難しいかもしれませんし、どこまで配慮できるかわかりません。そのような事態も考えると、採用段階か、それ以前の実習のときに、双方ですり合わせが必要ですし、就労支援機関が関わっているようなら、事前に職場のヒアリングを行い、双方での確認を取ることが望ましいと思われます。

支援の中身

　発達障害を持っていると診断判定を受けてからの就職活動や就労に当たって、「どんな支援があるのか？」「どういう支援を受けたらいいのか？」を尋ねられることがあります。一般的な就職活動については、学内のキャリアセンターや学生相談窓口に問合せできますが、障害をオープンにした活動となると、やはり専門機関を利用することになります。

職業訓練や実習を受ける

　ハローワークの就職チューターによる相談受付があり、障害者職業センターでの職業能力の判定や短期の職業適性プログラムなどが活用できます。そのまま、ハローワークの専門援助部門を使っての求職活動や民間企業主催の合同面接会への参加も可能ですが、特性上の苦手とする部分を補い、強みを高めるために、職業訓練や実習を受けることをお勧めします。社会人として実践での適性や耐性を見ることにもなります。

発達障害専門の就労移行支援

　昨今、発達障害を専門にした就労移行支援を行う事業所がいくつか立ち上がっています。発達障害の特性を理解し、配慮を講じた形式での支援を行うことが利点として挙げられます。
　これらの事業所では、職業訓練や職場実習などの職能スキルを整えるだけでなく、グループワークやコミュニケーションスキル、ソーシャル

スキルの養成等、苦手とする特性部分を補うためのトレーニングを行うなどします。社交性や常識など社会人としての振る舞いを身につけるための基礎マナーを練習することもあります。

見極めのポイント

　就労移行支援事業所を利用する際には、自分の特性や適性に合うかどうかを見極め、障害特化の支援内容を知る必要があります。
　自分にとって利用し続けられそうな環境であるか、まずは居心地を確認してみましょう。短期間でもよいので体験して、そこでの支援が通り一遍のカリキュラムに固執せずに、臨機応変に支援対応が取れるかどうか、どんな相談でも受け付けてくれる支援者の存在、体制があるかどうかが就労移行支援事業所の選び方のポイントの一つになるでしょう。
　また、事業所によっては、その運営方針が利用者に足りないところ、苦手な部分を補うことに終始してしまっている場合もあるので、得意なことや価値ある特性を見出し、伸ばすことにも視点を置いているかどうかも見極めの大事なポイントです。

特性に合うサポートを選ぶ

　発達障害に関して専門性があるとしても、各個人で微妙に違う特性をカバーできるかどうかはわかりません。発達障害の特性の多様性から見ると、コミュニケーションスキルを訓練するといっても、グループワークなどの集団活動で訓練すればいいというわけではありません。特性によっては、一対一での個別のやり取りから始めなければならない場合もあります。その都度、柔軟にカリキュラムが入れ替え可能な支援計画を

立てられるサービスが望ましいと言えます。要するに、当事者各人の特性に合うサポートを選ばないといけないのです。

✓ 利用時の心がまえ

同じカリキュラムを利用者同士でこなしていく中で、自身の強みとなる特性と持ち得るスキルから見ると容易な内容で、どういう効果を期待しているのか見えにくいこともあって、物足りなさを感じたり、逆に不安を感じたりするときがあるかもしれません。その場合は、支援カリキュラムの再考も検討の余地はあるのですが、どんなに簡単な指示命令であっても、それに従いこなしていくというのが職場の中でのルールとなりますから、訓練であっても従わなければなりません。

✓ 支援する側の課題

支援者には、当事者が持っている固有の特性と専門性の高さと業種や業務の結びつきを見出せるスキルが求められます。そのためにも、幅広い知識と経験を持った支援者人材の養成が支援する側の課題として挙げられます。

二次障害を併発している当事者の場合は、発達障害としてではなく、メンタル疾患を考慮した対処が必要です。

ただ、単に話を聞くだけでは、不安や悩みの解消につながるとは限りません。より高いレベルで不安解消のための対策を講じられるかどうかの実効性が問われる場合もあります。

適切な支援を続けていくに当たって、"サポートマッチング"の重要性が今後問われることになるでしょう。

就労移行支援事業所の就労後のフォロー － さら就労塾＠ぽれぽれでの実践

特別非営利活動法人さらプロジェクト
就労移行支援事業所さら就労塾＠ぽれぽれ 経営責任者　**佐藤智恵**

　さら就労塾は2007年9月に定員20名の就労移行支援事業所として世田谷区の支援を受け区内に開設、その後2009年に池袋、2011年秋葉原に同様の事業所を開設し、現在都内3ヶ所で事業を行っています。3障害（知的・身体・精神）の方が対象ですが、訓練生の9割近くが精神障害の方で、うち8割が発達障害の方となっています。

　就労実績は事務系を中心に年間40名、退職者が少ないこと、大手企業への就労が多いことが特色です。

◎ 就労継続の問題

　就労支援機関では現在「定着支援」が大きな課題となっています。法定雇用率が2.0％になったことで障害者雇用が促進し、それ自体はいいことなのですが、就労後の支援に職員が忙殺されているという話題が支援機関の集まりでは必ず出てきます。

　就労移行支援事業所には就労後半年間の支援が義務づけられており、それ以降は地域の支援センターにバトンタッチする流れが描かれています。しかしこれを杓子定規に行うと、支援センターの対応能力を超え、職員体制が整わない中でユーザとの信頼関係を築くプロセスを飛び越えたバトンタッチとなり、支援の中断につながります。

　結果、離職の可能性が高くなります。しかし、就労は継続しなくては意味がありません。開設8年を迎える私どもの就労継続への取り組みをご紹介します。

◎ さら就労塾の就労継続支援

　当事業所で行っている就労後のフォローは、定着支援と食事会です。
　「定着支援」には就労先企業への訪問面談と来所での相談があります。就労が決まると担当職員が本人・企業担当者と相談して半年の訪問計画を立てます。最初の月は毎週〜隔週の職場訪問、次月からは月1回、そして隔月となり、半年後には終了するのがモデルケースです。昨年度の訪問件数は159件、就労者は38名ですから1人当たり4回強となっています（いずれも3事業所合計）。
　面談は本人と話した後、担当上司に報告、最後に三者で話をする形をとります。問題のないケースももちろんありますが、職場の不満・不安が出るケースもあり、聞き取りが1時間近くに及ぶこともあります。多くは不明点や疑問があっても直接聞けなかったり、ささいな思い込みから疎外感を感じたり、悪感情を抱いたりして、それを誰にも相談できずに不安定になるなど、職場とのコミュニケーション不全からくる悩みがほとんどです。また、業務の多忙期と閑期の仕事量の変化にうまく対応できない、あるいは人事異動の前の不安定な雰囲気に混乱して会社に行きづらくなるなどの悩みがあります。
　また、「辞めたい」という理由をよくよく聞いてみると、困難な事態が起こったとき、辞めることで問題を回避しようとしている場合があります。そんなときも、本人の話を聞いたうえで、企業の考え方、上司・同僚の立場、当事者のふるまいをともに確認し、整理することで問題解決の糸口が見えてきます。
　定着支援について、さら就労塾から地域の支援センターにバトンタッチをする場合は、訪問の半ばから支援センターの担当者とともに面談を行い、本人・企業の担当者との関係作りをしていきます。バトンタッチせずに職場訪問を終了した場合、1年後2年後に企業から連

絡がきて当事業所で対応する場合もあります。

　企業訪問は職員全員で分担します。人事の方の話を伺える数少ないチャンスでもあり、企業ニーズを訓練にフィードバックするためにも職業指導員が出て行き、現場を知ることが必要だと考えています。

◎ 事業所での相談

　訓練卒業生の中には「職員に話を聞いて欲しい」という方もいます。その場合は、会社帰りに事業所に来てもらい面談をしますが、深刻な相談というよりは仕事の迷いや愚痴を口にされる方が多く、「同僚」のいない職場でのつらさを痛感します。早く終業後におしゃべりする同僚ができることを願っています。

◎ さらぽれ会と夕食会

　開設1年目のときから「さらぽれ会」という茶話会を月1回日曜日に開いてきました。多くの職場では、特例子会社でもない限り、障害を持つ当事者には「同僚のいない寂しさ」がつきまといます。また、地域活動支援センターなどで友人を作ろうとしても働いていない人が多いため、仕事の悩みや喜びに共感してくれる仲間ができないと聞き、心置きなく話せる場として茶話会を開催することにしました。

　「夕食会」はもともとは事業所開設記念日に催す年1回の行事だったのですが、夜のほうが集まりやすいという声に応えて回数を増やし、今年度は茶話会を2回、夕食会を10回開催予定です。会の内容は、当初はキッチンのある集会室を借りて、職員手作りの夕食を囲んでいたのですが、会場の関係で地域が偏るため、場所は各事業所の持ち回りとし、料理は仕出し弁当やケータリングなどでまかなっています。参加者も少しずつ増え、25人を超える回も出てきて、たいへん賑やかに過ごしています。職場のこと、来ていない人の近況、好きなアニ

メの話など話題はつきません。夕食会の開催は金曜日の夜なので、2次会にくりだすメンバーもいます。費用はもちろん、皆働いているのですから頭割りで負担し、一人1000円以下でまかなっています。

夕食会は社会人となった卒業生に久しぶりに会える場ですので、担当以外の職員も有志で参加しています。それとなく近況を伝えてくれますし、深刻な様子であれば別に相談の機会をうながします。

◎ 定着支援は最後の仕上げ

私たちが行っている就労後のフォローは以上のシンプルなものです。もちろん定着支援にはマンパワーが必要ですので、各事業所職員数は定数より1名多く配置し、機動力を持たせています。実感しているのは「安定した通所は安定した就労につながる」ということです。すなわち就労塾利用中から健康、生活、家族・友人関係などに問題が起こったときに対処できる力をつけ、安定した通所ができれば、就労後の定着支援はささやかなもので十分なのです。

私たちは、就労移行支援事業所は定着支援だけではなく、ユーザが「働く力＝安定して働き続ける力」を習得する訓練に力を注ぐべきだと考えています。働く力を身につければ、さまざまな職場の問題に遭遇しても、あれこれ工夫し、無理なら誰かに相談して自身で解決の道を考えることができるでしょう。そういう意味で、利用中の職業訓練こそが就労継続の要であり、定着支援は就労移行支援事業所の「最後の仕上げ」だと言えます。

◎ 安定して働き続ける力

人が企業の中で働き続けるとき、組織の一員として受け入れられていることは大きな要素です。障害があってもそれは同じで、就労後、企業の中でお客様扱いされるのではなく、同じ仲間・同僚として認め

られ、組織の一員として評価されることが、安定した就労のベースとなります。そのために必要な力は、分担された仕事を期待通りに仕上げる力、チームでスクラムを組む力、健康をコントロールする力、問題を解決する力です。

　さら就労塾では、職場を想定した環境の中で適切な行動が取れること、それをもって違和感なく職場に入り、一員としてやっていけることを訓練のゴールにしています。そのためにパソコン操作の習得が中心のカリキュラムから、上司に訊かなくてはいけないこと、自分で調べなくてはいけないことを区別し、実行できる力を身につけることを第一の目標としています。

　次にオフィスワークを中心とした訓練を通して、指示受けと報告、さらに上司・同僚に相談ができるようになれば就労者としてのベースができたということになります。後は応用であり、本人のデータベースをたくさん持てるように業務の経験値を高めていきます。この成長のプロセスは当然個人によって差があり、定着支援は企業の実情にあわせた修正、あるいは不足点の強化、いわばアフターフォローと考えていいのかもしれません。

　濃厚な定着支援が必要ということは、就労移行支援事業所として訓練が不十分であったということになります。現在まで当事者の伸びる力と企業の教育力のおかげで、前述の支援内容で活動してまいりました。今後予想される支援ニーズは、キャリアアップと生活の変化への対応と思われます。働く生活の問題は、地域の生活支援機関のきめ細かい継続的支援に引継ぎ、私たちとしては、転職も含めた一人ひとりの将来的なキャリア形成に対応する体制作りに取り掛かろうと考えています。またスローペースではありますが、都内にとどまらずさら就労塾の地方展開を計画しています。

第 5 章

就業中の発達障害の人の相談から

発達障害の人と仕事

　テンプル・グランディン氏の著書『自閉症の脳を読み解く』（NHK出版）の中に発達障害のある人の思考タイプ別に合う仕事（**表1**）が記載されています。これらの仕事を見ると思わず頷いてしまいます。それは著者のもとに相談にこられた人たちが従事している、あるいは従事していた、または従事したいと目指している仕事が多く含まれているからです。

表1　思考タイプ別の向いている仕事

画像で考える人に向く仕事	建築と工学の製図設計者、写真家、動物調教師、グラフィックアーティスト、宝飾品／工芸品デザイナー、ウェブデザイナー、獣医、自動車整備士、機械整備士、舞台の照明監督、コンピューターのトラブル窓口係、造園設計家、生物学教師、人工衛星による地球画像の解析者、配管工、暖房・換気・空調技術者、コピー機の修理技師、視聴覚機器の技術者、溶接工、設備技師、放射線技師、医療機器の修理技師、工業デザイナー、コンピューターアニメ製作者
言語と事実で考える人に向く仕事	ジャーナリスト、翻訳家、専門小売店、司書、専門アナリスト、原稿整理編集者、会計士、予算アナリスト、簿記係、記録管理者、特別支援教育の教師、図書の索引作成者、言語療法士、在庫管理の専門家、法学研究者、自動車販売店の契約専門家、歴史家、テクニカルライター、ツアーガイド、案内係
パターンで考える人に向く仕事	エンジニア、物理学者、音楽家・作曲家、統計学者、化学者、エレクトロニクス技術者、音楽教師、科学研究者、数学データの検索アナリスト、投資アナリスト、保険数理士、電気技師

出典：テンプル・グランディン他『自閉症の脳を読み解く』NHK出版，2014年．

しかし、仕事への適性も重要ですが、発達障害のある人が長く活躍するには、同時に環境面での適応も重要になります。日本の場合、企業や団体に所属しようとすると目に見えないさまざまな環境面でのハードルがあります。そのハードルは、おそらくは実際に働いてみないとわからないかもしれません。そこで、就業した方の事例から就業にあたって確認すべきと思われる事柄をあえてお伝えしておきたいと思います。

　例えば、ウェブデザイナーを目指す人は少なくありません。しかし、業界柄非常に忙しく、残業が多いと想像できます。長時間の残業で体調を悪化させた人もいますので、職探しの前に自分の体力に合った働き方を考えることも必要です。職場の環境として長時間の残業や一人当たりに任される仕事量、そして人間関係も含め、安心して仕事を続けられる環境かどうかなども発達障害のある人の働きやすさに影響するでしょう。

　表1の思考タイプ別の向いている仕事には専門的な知識を要するものが多いようですが、著者も実際に建築や工学の製図設計に携わっている発達障害のある人やその他の多くの専門職の人にお会いしています。発達障害のある学生でも、特に理系の学生は自分の専攻がそのまま活かせる仕事を希望しますが、民間企業への就職を志望する場合、学部あるいは大学院時代の研究テーマがそのまま就職に結びつくケースはほとんどありません。博士課程を終了した研究員が常勤研究職の職に就くことの難しさも知られています。しかし、誰しも得意なことは一つだけではありません。『変わり者でいこう－あるアスペルガー者の冒険』（東京書籍）の著者ジョン・エルダー・ロビソン氏は音響関係の仕事に就いた後、自動車整備にも優れた能力を発揮し、現在は自動車整備の会社を経営しています。同氏のようにいくつもの分野で能力を発揮できる方は多いはずと信じています。

実際の仕事

　発達障害のある人は実際にどのような職種に就いているのでしょうか。求職中の方の参考のために、著者が知る限りの発達障害のある人が就業している、あるいは就業していた職種を紹介します。その職種は、前述のテンプル・グランディン氏の書籍で紹介されている職種（p.130 表1）に重なります。

●専門職

　建築と工学の製図設計者、グラフィックアーティスト、宝飾品／工芸品デザイナー、ウェブデザイナー、機械整備士、コンピューターのトラブル窓口係、設備技師、放射線技師、プログラマー、エンジニア、エレクトロニクス技術者、科学研究者、投資アナリスト、電気技師、テクニカルライターなど専門的な勉強をし、その専門性を活かした仕事に就いている人は少なくありません。ソフトウェア検証業務が発達障害のある人の一部に適していることは知られていますし、システム運用サポートの仕事に就いている人もいます。自分の興味、関心事に加え、求人数など将来の仕事に就ける確率も考慮して職業を選択する必要があります。

●事務職

　言語能力が高く、語彙の豊富な人はジャーナリスト、翻訳家、編集者の職に就いている人が多いようです。大勢の方が一般事務に従事していますが、数字の扱いに強く、正確性の高い人は経理事務で活躍しています。経理業務は簿記2級以上の資格を持ち、決算まで経験するとどの企業でも通用する専門職種です。実務経験として最も認められやすく、求人数も多いため、就職は決まりやすいですが、月次、年次の決算時には

長時間の時間外業務が予想されます。体力的に長時間の残業が難しい人は避けるのがよい職種かもしれません。管理部門の中で経験が重宝されるのは、給与計算や社会保険手続きの処理ができる人です。これらの業務も業界を問わずどの会社にもある業務ですので就職活動では有利な経験です。

● 資格を活かす仕事

　資格を持つ職種としては看護師、作業療法士、言語聴覚士、精神保健福祉士、社会福祉士、介護福祉士などの資格を活かす仕事に就いた経験を持つ人がいます。人の役に立ちたいという優しい気持ちから、医療や福祉に関わる職種を目指す人は少なくありません。しかし、現場では臨機応変な対応とマルチタスクが要求され、さまざまな立場の人とのコミュニケーションが必要です。患者さんや利用者さんから感謝される仕事でやりがいを感じるものの、組織の中での適応や対人援助の難しさを感じ、キャリアチェンジを試みた人は少なくありません。人に関わるという点では小・中学校の生徒を指導する教師も難しいように感じられます。どの年代の生徒にどんな科目を教えるかという条件によっても違いますが、教師の業務の中には授業の他にも学校という組織内での役割や保護者対応が含まれるからです。

● 人と接する仕事

【営業・接客・販売】

　発達障害のある方は人と接する業務には向いていないと言われます。ワーキングメモリ（作業記憶）の領域の問題からウェイトレスのように一度に多くのオーダーを聞き取り、対応することには向いていない人もいますが、すべてが向いていないわけではありません。一般に適していないと言われる営業職でも、メールを多用して営業活動をしていた人がいます。人と接することが好きで販売の業務に従事している人もいま

第5章　就業中の発達障害の人の相談から　133

す。レジの対応が得意か不得意かは人によりますので、苦手な場合はレジ打ちを他の人にお願いし、接客中心の業務で問題なく仕事ができるのです。一般的にマルチタスクとスピードを求められる業務はつらいと思います。ホテルのカウンター業務はチェックイン・チェックアウトでお客様の行列ができたときには慌ててしまうでしょうし、現金やクレジットカードを取り扱うので難易度が高くなります。同じホテル内の業務でも宴会サービスでのウェイター業務はコース料理を出す順番が決まっています。お客様の関心は宴会のスピーチやアトラクションに向いているので料理を出すスピードも求められてはいませんから、比較的対応しやすいかもしれません。また、販売業務では電化製品やパソコン機器など販売する商品に対して自分が豊富な知識を持っていると、細かい部分まで熱心に説明ができますので、お客様にとってよいサービスとなるでしょう。アルバイトでは野球場でのビール販売経験の話を聞いたことがあります。重さが10キロもあるビールを背負って段差のある球場内を売り歩くので、体力勝負なところもありますが、ビールが欲しいお客さんは「ビールちょうだい！」と自ら手を挙げてくれるので、すぐに気づきやすく、料金も単一です。このように買いたいと明確に意思表示をしてくれて、単一の料金でおつりも渡しやすいといった条件が整っていれば、対応できる人もいるのではないかと思います。

【講師】

　著者が出会った発達障害のある人の中には豊富な知識を持つ人が少なくありません。学生時代に小学生から高校生を対象に勉強を教える家庭教師の経験を持つ人もいれば、職業として塾講師をしている人もいます。学校の勉強に限らず、趣味や教養の分野で講師を務め、教え方がうまいと評判の人もいます。1対1、集団のどちらで教えるのが得意かは個人差があると思います。パソコン操作が得意な人は多いですが、パソ

コンスクールの講師も教える内容が決まっていて、繰り返し同じ内容を教えることから、慣れれば比較的やりやすい仕事と言われています。

【コールセンターのオペレータ、ユーザーサポート】

お客様からの問合せを受けるのはどんな内容であるかわからないことから、一般的にはコールセンターのオペレータは発達障害のある人に適していないと考えられています。しかし、一口に問合せといってもさまざまな内容があります。クレームを受けやすい「お客様相談室」などのような部署で問合わせを受けるには適していないかもしれません。しかし、マニュアルがあって、問合せのパターンが決まっている通信販売の注文などは比較的簡単に対応できます。発信業務ではお客様に商品やサービスなどのご案内を行いますが、マニュアルがありますので、初心者でも対応しやすい場合もあります。オペレータの業務指導を行うＳＶ（スーパーバイザー）となると少しハードルが高くなりますが、パターンで物事を覚える人なら対応できるかもしれません。

また、パソコンやインターネットの知識のある人はパソコンを初めて購入したお客様からの操作方法の問合せや、インターネットのプロバイダへの問合せに関して、豊富な知識を活かしたユーザーサポートやヘルプデスクで活躍できるでしょう。自分の得意なことで、しかもお客様に感謝される仕事は喜びを感じられるはずです。

● 事務系以外

オフィス内軽作業にはメール室業務（郵便物の仕分け、配送、社内メール便の引き取り、受け渡しなど）、スキャニング業務（書類の電子化）、印刷業務、シュレッダー業務（書類を破棄するためにシュレッダーにかけ粉砕する）などがあります。パソコンを使える人はデータの簡単な更新作業を頼まれることがあるかもしれません。いずれも大量の業務を黙々とこなすことが好きなタイプの人に向いています。また、オフィス

内には清掃業務や観葉植物などの世話をする業務もあります。

　その他、図書館業に就いていた人は図書の貸し出し、窓口対応、データベース管理は手順が決まっていて、本の返却や移動など、図書館での作業は目に見えてわかりやすいと言っていました。しかしながら、日本では資格を持っていても実際に司書の仕事に就いている人は少なく、図書館業務も民間企業に委託されて、パート、アルバイトでの求人が主流です。職業を選択するにあたり、やりたいという気持ちも大切ですが、その職に就ける可能性と安定性も選択の条件の一つになります。

● 物流、工場などの現場

　物流の業界では在庫管理やピッキング作業（伝票やリストに従って、指定された品物を指定された数だけ倉庫内から選び出してくる仕事）があります。

　大手通販サイトの倉庫ではお客様からの注文に基づき、毎日のようにピッキング業務が行われています。注文が入ると注文書に基づいて、広い倉庫から注文のあった商品（書籍、DVD、化粧品などさまざまな商品）を取り出してくる作業がピッキングです。コンビニチェーン店の食品倉庫ではサンドイッチ10個、おにぎり20個といった具合にピッキング作業が行われています。コンビニの各店舗に商品を配送する時間は決まっていますので、毎日特定の時間帯は繁忙になると思います。このような業態ではピッキング作業のみ行うこともありますが、梱包や配送手続などの業務を合わせて行うことが多いかもしれません。未経験者でも始めやすい仕事ですが、単純な業務であるため処遇は派遣社員、アルバイトなどが多いのが特徴です。その他、物流の現場では体力に自信のある人が重たい物の搬送、段ボール箱の片付けなどに取り組んでいます。機械の修理などが好きな人は、工場などの現場で製品の修理や溶接に従事している人がいます。

● 店舗での軽作業

　フードサービス業界は全国に多数の店舗を展開しています。開店前に各店舗で清掃、お通しやおしぼりの準備、開店してからは皿洗いや盛り付けなど、どこまで対応するかには個人差がありますが、さまざまな業務に挑戦しています。衣料品を扱うメーカーの店舗では清掃や品出しが中心になります。スーパーではレジ打ちもありますが、品出しを担当する人が多いでしょう。バックヤードでは野菜や果物、鮮魚、精肉などの加工やパック包装、値段付けなどの業務もあります。

　勤務時間は業界によって異なります。夕方から開店する店舗は午後からの勤務となりますが、食品スーパーのように朝10時から開店する店舗では朝早くからの勤務になるでしょう。

✓ すべてが向かないわけではない

　このように仕事を細かい部分まで見ていくと、向かないと言われている仕事でもすべてが向かないわけではないことがわかると思います。仕事自体が向かないのではなく、どの部分が自分に適していないのかを考え、その部分は他の人の協力を得るなどの工夫によりカバーできる方法を考えるほうが得策ではないでしょうか。

　さらに、自分の体力や得手不得手を知っておくことは重要です。特に体力のない人は週何日、何時間働けるのかは自分でわかっていなければ働き始めてからつらい思いをしてしまいます。職種についてこれもダメ、あれもダメと可能性を狭めてしまうよりは、これが得意だからやってみる、でも苦手な部分については周囲に協力をお願いしておく、などの手を打って、可能性を広げて欲しいと思うのです。この考え方は、将来的に仕事の幅を広げていくうえでも大切です。

仕事を選ぶときの二者択一

　発達障害のある人が障害者雇用枠での就労を望むとき、当然のことながら特性への配慮を希望します。ところが、欲しい配慮をすべて得られる職場は少ないのが実情です。最近は発達障害のある人を多数雇用し、働きやすい環境を備えた職場も出てきました。発達障害のある社員を大量に雇用する特例子会社では、おおよそ5人に1人の割合で支援者やジョブコーチが配備されています。また、高機能の発達障害の人を多数雇用する企業では、静かな環境や支援者の配置が用意されています。

　発達障害のある人を多数雇用し、なおかつ支援者を複数名配置している企業では、雇用経験から得た十分な知識とノウハウがあり、発達障害の特性への理解と適切な対応を得ることができます。ところが、環境面で十分な対応がされている職場は特例子会社や障害のある社員を一つの場所に集めて雇用することが多く、残念ながら給与が低く設定されていることが少なくありません。実家から通勤するのであればまだしも、一人暮らしをする場合にはその額では厳しいかもしれません。

　障害者雇用枠で配慮を得ながら長く安定して就業していきたいと願っても、自立して生活するためにはある程度の額の給与を確保したいと考える人もいます。その場合は、一般企業の障害者雇用枠に応募しますが、障害者雇用枠で採用されたにもかかわらず、配属先の理解は十分とは言えません。理解が得られなかったり、当初の配慮や申し送り事項がいつの間にか忘れられてしまったりすることもあります。しかし、生活のためには特別な配慮のない職場で、周囲と同じように働いていかざるを得ません。「配慮」をとるか、「生活」をとるかの二者択一です。

能力を活かす

　発達障害のある人の就労を考えるときに、「同時進行が苦手」「臨機応変な対応ができない」、はたまた「空気が読めない」など、できないこと尽くしに捉えられる傾向があります。しかし、弱みと強みは隣り合わせです。発達障害のある人の多くは集中力があり、細かい部分にも気づきます。人が嫌がるような面倒な仕事も飽きずに淡々とこなせると言われています。その他にも一般には知られにくい優れた感覚や豊富な知識を持っている人も多いと思います。その優れた感覚や知識を持っていることを「本人は普通のことと思って」いたり「仕事と結びついていない」ため、誰もその能力に気づかないケースが多々あるのではないかと思います。おそらく発達障害のある人は社会生活を過ごしていくための苦手さを持っていることが多いので、日常は社会生活をなんとか過ごすことに懸命で、自分の優れた能力を活かすどころか、その能力を自覚するまでに至っていないのではないかと思います。

　社会生活を送るうえでは、特に長い時間を職場で過ごしますので、発達障害のある人が働きやすい環境を用意することは重要です。発達障害の特性についての周囲の理解も欠かせません。また、ビジネスシーンで必要なことについての本人の気づきと努力も必要です。環境面での整備は就業継続に不可欠ですが、発達障害のある人と仕事を改めて考えてみると、「決められた就業時間をこなせる体力があること」と「その仕事との適性」が何よりも必要ではないかと考えるようになりました。体力をつけ、不安やストレスへの対処を行うことで能力を活かしやすくなるのではないかと考えます。

苦手さのエトセトラ

学習障害（LD）

　発達障害の一つである「学習障害」（Learning Disabilities、以下 LD）は、文部科学省資料によると次のように定義されています。
　「学習障害とは、基本的には全般的な知的発達に遅れはないが、聞く、話す、読む、書く、計算する又は推論する能力のうち特定のものの習得と使用に著しい困難を示す様々な状態を指すものである。
　学習障害は、その原因として、中枢神経系に何らかの機能障害があると推定されるが、視覚障害、聴覚障害、知的障害、情緒障害などの障害や、環境的な要因が直接の原因となるものではない。」
　また、LD には医学的な狭義の LD と、教育や療育の立場からの広義の概念があります。医学的 LD は「読み書きの特異的な障害」「計算能力など算数の特異的な発達障害」を指し、教育の立場では聞いたり話したりする力など学習面での広い能力の障害を意味することが多いようです。そして、学習障害の中核を占める発達性読み書き障害（発達性ディスレクシア）の読字や書字の特徴は、表 2 の通りです。
　LD であっても AD/HD（注意欠陥多動性障害）・高機能自閉症などを伴う場合には、それらを考慮した学習支援も必要で、家庭・学校・医療関係者の連携が欠かせません。LD でなくとも広汎性発達障害、AD/HD などの診断を受けている相談者の一人ひとりのヒアリング内容から、ある意味での LD と思われるようなケースもありました。

表2 発達性読み書き障害（発達性ディスレクシア）の特徴

- 文字を一つ一つ拾って読むという逐次読みをする
- 単語あるいは文節の途中で区切って読む
- 読んでいるところを確認するように指で押さえながら読む（これらは音読の遅延、文の意味理解不良につながる）
- 文字間や単語間が広い場合は読めるが、狭いと読み誤りが増えて行を取り違える
- 音読不能な文字を読み飛ばす
- 文末などを適当に変えて読んでしまう適当読み
- 音読みしかできない、あるいは訓読みしかできない
- 拗音「ょ」促音「っ」など、特殊音節の書き間違えや抜かし
- 助詞「は」を「わ」と書くなどの同じ音の書字誤り
- 形態的に類似した文字「め・ぬ」等の書字誤りを示す

出典：e-ヘルスネット

　知的発達に大きな遅れを伴わない広汎性発達障害、アスペルガー症候群などの診断を受けた発達障害の人の中にも、ごく限定されたLDの症状が見受けられるようです。大学を卒業し言語の発達の遅れのない人でも、読み書き、語彙の豊富さに問題はないのに、ある部分に限定された苦手さによる仕事への影響が後に明らかになることがあります。

● Aさんの場合

　本を手にしない日はないほどの読書好きです。日々活字に触れていますが、アルファベットのついた言葉を覚えるのはからっきし苦手です。

● Bさんの場合

　英語を読みこなすBさんは腕試しのためにTOEIC®を受験してみましたが、さんざんな結果でした。

　TOEIC®はリスニング（45分間・100問）、リーディング（75分間・100問）、合計2時間で200問に答えるマークシート方式の一斉客観テストです。テストは英文のみで構成され、解答はすべて問題用紙とは別

の解答用紙に記入します。特にリスニングは耳から言葉を聞き取る緊張感と瞬時の聞き取りの問題があります。会話やナレーションを聞いて、4つの選択肢から設問に最も適切な答えを選びシートにマークします。会話の進行から、状況やその後の展開を推論する問題などもあります。短い時間に回答を選択しながら大量の処理を行うので、一つひとつの会話はできていても、要領よく取捨選択を行う処理能力が問われます。瞬時での聞き取りの問題、4つの回答からの選択、穴埋め問題などの条件が結果に影響している可能性があります。TOEIC®は一つの評価方法で、発達障害のある人の中にも外国に留学した経験があり高スコアを取れる人もいる一方、問題形式が一部の人には向いていないと思われます。TOEIC®のスコアが低いから英語ができないとは言い切れません。

● Cさんの場合

　語彙が豊富でかなりの量の本を読みこなしますが、文脈を読み取るのは得意ではありません。小説では情景の細かな描写を完璧に読み取りますが、情感の部分は読み取れないことがあります。

● Dさんの場合

　言語能力が非常に高いタイプです。しかし、残念ながら計算が極端に苦手で、手計算では繰り上がりの計算も怪しいようですが、仕事ではパソコンを使用するので問題はありません。

手先が極端に不器用

● Eさんの場合

　文字を書くのが非常に苦手です。パソコンでの文章作成はサクサクできますが、手書きとなると文字を書くこと自体が苦手で、しかも字が汚いため、履歴書1枚作成するのにたっぷり2時間もかかってしまいます。

- Fさんの場合

　ハサミを使うのが苦手で紙をまっすぐ切ることができません。カッターは怖くて使えません。

- Gさんの場合

　紐を結ぶという動作が苦手です。何回も何年も練習しましたが、うまくできません。現在は靴紐を毎回結ばなくてもいいように、靴は紐のないタイプを選んでいます。職場では古い新聞やダンボール類をどうしても紐で縛ることができず、同僚に呆れられてしまいました。

- Hさんの場合

　職場の無菌室に入るときにはエプロンを着ます。通常は自分で首の後ろの紐を結びますが、Hさんはどうやっても自分で紐を結ぶことができません。職場の同僚もしくは先輩にお願いして結んでもらっています。

- Ｉさんの場合

　紙の角をきれいに揃えることが苦手です。複数の書類や伝票などの角を合わせ、ホチキスで留める作業がうまくできません。そこで、書類の角を揃える→大きなクリップで留める→ホチキスで留める、という具合に一つ工程を増やしたところ確実にできるようになりました。

　パソコンが普及して、事務処理作業は大きな変化を遂げました。文書作成はパソコンで入力・作成すれば字の汚いことを気にすることはありません。そろばんや電卓で計算していた数字はパソコンのシートに入力すれば自動的に計算してくれます。筆算が苦手な人も同様です。

　同じ努力をするなら困難なことに無駄な時間を費やすよりも、自分の得意なことにエネルギーを注いで欲しいと思います。一人ひとりの持つ能力は、周囲も本人も気づいていないこともあります。周りから一目置かれるくらいにまで、それぞれの能力を高めて欲しいと願っています。

画像で思考する人

　テンプル・グランディン氏の書籍の中で"画像で思考する人"（記憶を画像で持っている人）が紹介されています。著者の知り合いにも画像で思考する人がいますので、実際にどのように見えているのか質問してみました。

● Aさんの場合
「基本的には映像ですが、本を読むときやエレベータのボタンを見るときなどは写真のように静止しています。仕事中は画像モードで、日常生活では映像モードに自然に切り替わります。例えば、通常の映像モードの例としては自宅から過去に訪れたことのある目的地まで向かうときは、立体のカーナビのように映像が流れます。これだけの膨大な映像を頭の中にずっと記憶しておくことは負荷がかかりますので、意識して記憶を消します。頭の中に箱をいくつか持っていて、残してある記憶はざっくりと分類してその箱の中に入れておきます。データはその場面になれば、無意識に勝手に引き出されます」

　⇒Aさんは制作物の校正などでは、2つの制作物を写真のイメージにして自分の頭の中で重ね合わせて、チェックするという作業を行っています。また、コード表を見ながら分類していく業務では頭の中にそのコード表を画像で思い浮かべることができるそうです。

● ナルヲ・ディープさんの場合
「画像は動く場合もあるし動かない場合もあります。動かない画像をこうなったらよいのではないかと自分のイメージで動かし記憶すること

もあります。

　壁紙のシンメトリー模様の片側がズレたまま貼られているのを見たときに、ピッタリ対照にイメージして記憶することが幼少時よくありました。これと同じ場面が、映画『Temple Grandin』に登場していてビックリし嬉しかったです。

　自分の記憶にある目的地に向かうときは映像ナビの場合もあるし、地図がそのまま画像で浮かぶ場合もあります。同時に両方で確認しながら目的地に向かうこともあります」

⇒ナルヲ・ディープさんは「私は生まれつき、形や立体での思考ばかりで生きています」と言うように、視覚認知が強く、人や物を色や形で捉えるそうです。『文字に色を感じる』『音に色を感じる』など一つの感覚刺激から複数の知覚が無意識に引き起こされる現象のことを「共感覚」と言います。数字の暗算・暗記や言語に高い能力を持つ英国人のダニエル・タメット氏は自叙伝『ぼくには数字が風景に見える』の中で共感覚を持っていることを述べています。画家や作家、詩人などの中にも過去の資料から共感覚を持っていると思われるような事実が残されていることがあるようです。

　ナルヲさんはあるメーカー関連会社でテクニカルイラストを担当しています。イラストは線画のテクニカルイラストという描き方で、平面と立体の間で2.5次元となるようです。空間認知が強く、立体で物を捉えられる能力は仕事に役立っているそうです。

　このお二人の例のように、画像思考の人の特性がある特定の業務の場面で大きく役立っています。企業の人事担当者も支援者も発達障害のある人の特性を理解し、ジョブマッチングの精度をさらに高めていく必要があります。

言語・事実で考える人

　Bさんは学生時代から授業中の集中力が高く、講師の話を聞き、物凄いスピードでメモを取る習慣がついていました。集中して授業を聞くだけではなく、Bさんは活字からあらゆる知識を吸収することが好きです。

　人間はある能力が弱いと、その弱い部分をカバーするために残存する能力が向上を遂げ、信じられないほどの高い能力にまで発展することがあると言われています。Bさんの場合も視覚情報の取り込みはどちらかというと苦手なほうです。映画を鑑賞するのが好きでよく映画館に行きますが、動いている映像を観ていられない（耐えられない）ため、音声で映画のストーリーを聴き、字幕だけを読みます。歴史をはじめ、社会で起きているさまざまな出来事に興味があり、新聞や本、雑誌などありとあらゆる活字はBさんの知識の源で、活字なしに過ごすことはできません。Bさんは学生時代には自分の得意なことは情報を取りまとめたり、文章を書いたりすることだと思っていました。実際に発達障害のある人の中には豊富な知識と語彙を持ち、編集者、校正者、フリーのライターや翻訳者など、言語能力と知識を活かして、出版などに関わる仕事をしている人は少なくないと思います。

　Bさんは前述のように動く画像を観るのが苦手なので、テレビ番組を観ることはありません。テレビなどのメディアからの視覚情報の取り込みは弱くとも、新聞や雑誌などの活字から情報を得られますし、聴覚優位のBさんは聴いた内容を正確に理解し、論理的に考える力があります。就職して間もないうちにBさんはたいへん仕事の覚えがよいと言われました。さらに担当業務に邁進した結果、現在の業務に関してBさん以上

に精通する人はいないのではないかというレベルにまで達しています。

　聴覚優位に対し、視覚情報の取り込みが弱いBさんが仕事上でどのような支障を感じているかというと、一つは社内で作成するチラシや配布資料などでイラストや写真などを使用する場合、誰が見てもよくできていると思うような完成度でレイアウトを上手に配置できないことです。「バランスよく」ということがどのようなことであるのかという感覚がBさんはまったく掴めません。もう一つは、人の顔を覚えるのが非常に苦手です。大学のゼミでは他のメンバーがBさんの顔を覚えているのにもかかわらず、Bさんはまったく覚えられませんでした。それ以来、人の顔が覚えられないことを意識するようになりました。目、鼻、口など、顔の構成パーツは認識できるものの、それらが合わさって構成される「顔」の全体像が認識できません。人の顔が覚えられないことは、相手の表情を読み取れないということにもつながります。そのため、場の雰囲気を読むということもやや苦手としています。人の顔がうまく認識できないBさんのような状態は「相貌失認」と呼ばれます。米国の俳優であるブラッド・ピット氏がメディアに対して相貌失認であることを告白したそうですが、この「相貌失認」の人は意外に多く、人口の2%程度はいると言われています。会ったことのある相手の顔が覚えられないので、相手から無視されたなどと思われてしまう可能性もありますが、それに関しては「目が悪いので」と言ってごまかすしかないそうです。

　このように視覚情報の取り込みなどには若干の不便さは抱えているものの、勉強好きでもあるBさんは担当業務に関わる資格の勉強にも余念がありません。その結果、つい最近合格率がわずか5.4%という難関の試験に合格しました。Bさんはさらなる知識の習得を目指し、充実した日々を送っています。

特性の出やすい場面
－就業を妨げるもの

● ワーキングメモリの不足

　発達障害のある人の中には就業してから職場に定着するのが難しい人、仕事がなかなか覚えられない人がいることが知られています。定着が難しい理由の一つは、「ワーキングメモリ」（作業記憶）の不足にあります。しかし、発達障害のある人は新しいことを覚えるまでは時間がかかりますが、一度覚えればルールやマニュアルの通りに仕事を続けられることを広く知ってもらわねばなりません。特性は目に見えるものではないため、仕事の覚えが悪いとだけ思われてしまうと大変つらい状況になってしまいます。ワーキングメモリの不足を補うものとして、マニュアルや仕事の構造化が重要であることはもちろんです。職場での配慮として用意してもらえる物と、自分なりの工夫によりカバーしていく必要とがあります。

● 体力がない

　就業を継続できない原因のもう一つに、「体力」の問題があります。発達障害のあるすべての人に体力がないわけではありません。なかには中学・高校時代に皆勤賞をもらった人もいますが、感覚過敏によりさまざまな刺激で疲れやすく、体力がない人がいます。また、自分は忙しくなくとも周囲が忙しそうにしていることで自分まで疲れてしまう人や、気圧や気候の変化などを感じやすい人がいます。自己の体調管理が何よりも必要ですが、病休もしくは有給休暇を取ってしまったら、それが後の評価や契約更新にどのように反映するかは予想しておく必要がありま

す。日本の企業の中には有給休暇を取得しないで毎日働くことを美徳とする習慣が残っている会社もあります。有期雇用契約の場合、更新時には病休だけでなく、突発の有給休暇の取得日数も確認事項の一つになることは念頭に入れておきましょう。社員が有給休暇を取らないことを自慢するようないわゆる体育会系の企業では、体力がないことを理解してもらうのは難しそうです。その意味では、就職を考える際には、企業風土と自分の相性についても認識しておく必要があります。

● コミュニケーションでの疲弊

　就業継続できない大きな原因のもう一つとして、「コミュニケーション」の問題が挙げられます。ただし、一般に考えるコミュニケーションの問題とはやや様相が異なります。コミュニケーションが取れないことにより、仕事を遂行できない、あるいは業務上の指示の授受がうまくいかないということだけではありません。周囲とのコミュニケーションについていこうとして、自分が苦手とするコミュニケーションになんとか参加しようと努力するものの、負荷がかかり過ぎて疲弊してしまう人がいるのです（p.162「複雑なコミュニケーション」）。

　自閉症スペクトラム圏内の方の中には能力が高く、豊富な知識を持っている人がいます。多くの発達障害のある人はやるべきことが明確に示されれば仕事を十分にこなせます。就業開始した方々から話を聞く中で、周囲とのコミュニケーションで疲れ切ってしまったという人は少なくありません。この場合、仕事の能力自体が問題なのではなく、発達障害のある人自身が一生懸命に周囲とのコミュニケーションを取ろうと努力した結果、疲れ切ってしまい、うまくいかないと感じることにより不安とストレスが募ってしまっているように思われます。実際に周囲とのコミュニケーションに関し、必死に努力している人は少なくないのです。しかし、この努力は周囲に理解されていないか、場合によっては気

づかれていないかもしれません。

● 不安

　発達障害のある人の多くは「不安」を抱えています。その不安は傍から見ると些細な不安なのですが、次々にちょっとしたことで不安が出てきます。仕事がきちんとできているか、周囲の人からどのように思われているのか、自分は役に立っていないのでは？と不安になり、堂々めぐりになりがちです。特に就業開始直後は、不安の軽減と疲労回復のために適切に休息を取ることが重要だと言われていますが、定期的に上司と話をする時間を設けてもらうことは最も有効な対策と思います。不安や質問に丁寧に答えてもらえれば不安の軽減につながります。なおかつ、できていることを具体的に指摘してもらい、プラスのフィードバックを受けて仕事を評価してもらえれば、自信とやる気の向上につながるでしょう。

● 上司との関係

　今までの上司のもとでは仕事がうまくいっていたのに、上司が代わったとたんに上司との関係がうまくいかなくなり、仕事もうまくいかなくなってしまったという経験を持つ人は少なくありません。このような場合は、以前の上司はおおらかで面倒見のよいタイプで、一方新しい上司は細かいことまで注意する口うるさいタイプであることが多いようです。周囲が状況を理解し、サポートできる体制があればよいのですが、周囲の意見に関して聞く耳を持たない上司もいます。上司との関係が悪化すると体調にまで影響が出てしまいます。体調が悪化すると休みがちになり、最終的に離職につながってしまいます。一度、関係が悪化してしまうと関係を修復するための術を持たないという点から、発達障害のある人と上司との関係がうまくいっているということは大変重要です。

● プライベートの影響

　最後に、発達障害のある人にとって、家族や恋人、友人との関係が影響することがあります。自分の生活の変化に加え、人間関係や家族などの生活の変化も発達障害のある人の職業生活に大きく影響を与えます。その一つが結婚で、就業している女性が結婚すると、仕事に加えて家事の負担がかかります。家族と同居していた人と一人暮らしをしていた人では大変さの度合いは異なるかもしれませんが、少なくとも家事の量が増えます。また、相手の意向も考えながら生活していくことが必要になり、一人で好きなように行動していたときとは状況が異なります。同居のための転居により通勤時間が少し伸びただけでも体力の負担は大変なものです。倒れ込むように帰宅する毎日だったと語る人もいます。発達障害のある人は仕事をスタートしてから慣れるまでに時間がかかり、さまざまな変化による影響を受けやすいというのが通例ですが、プライベートの変化も加わると影響は少なくありません。

　個人差がありますが、恋人や婚約者、配偶者の意見あるいは子どもの行動に振り回される人もいるようです。子どもが生まれると思い通りに寝つかない赤ん坊に泣きたくなるほど疲れてしまう人もいます。仕事を続けるには子どもを保育園や学童に預けて働かなくてはなりません。子どもも環境が変わると慣れるまでに時間がかかります。保育園や学校に行くことを渋る子どもをなだめすかしながら、通勤することは他の働く母親も経験していることですが、何事にも真正面からしか対応できない発達障害のある女性にとっては、子どもをなだめすかすことも大きな負担に感じることがあるかもしれません。発達障害のある人は困難に出会った場合に解決する手段を自分では見出せないことがあるかもしれませんが、いろいろな人に相談することにより、人生の先輩が智恵を授けてくれるはずです。悩みは一人で抱えないで誰かに相談してみましょう。

自分の体力との付き合い方

　発達障害のある人の中には感覚過敏の影響もあり、体が弱い人がいます。視覚過敏や聴覚過敏により、疲れやすいことがある他、気候や気圧の変化などの影響も大きく受けます。

　人によって異なりますが、季節の変化では春から夏にかけての時期、5月のゴールデンウィークの時期に体調が悪くなる人がいます。また、台風シーズンなどには気圧の変化で頭痛がする人、起きていられないくらいに具合が悪くなる人もいます。また、冬（10月・11月〜春まで）には過眠、過食の傾向が表れ、冬季うつと呼ばれる症状が出る人もいます。女性の中には生理が始まる前になるとイライラしたり、気分が落ち込んだりする「月経前不機嫌性障害（PMDD：Premenstrual Dysphoric Disorder）」が重症化しやすいことが知られています。

　感覚過敏がある一方で、逆に鈍感なところもあります。そのため、連日の長時間の残業で風邪をこじらせて、本人が具合が悪いと気づいたときには入院するほどに悪化してしまっていたという深刻な場合もあります。心身の状況の悪化に気づけない原因には、元々の感覚の問題に加え、運動能力の問題が挙げられます。また、うつ病、不安障害、パニック障害、パーソナリティ障害などの二次障害（詳細は第2章参照）を抱えて、体調が悪い場合もあります。発達障害のある人は周囲とのコミュニケーションに苦手さを感じていることが多いですが、苦手なのにもかかわらず、必死に周囲に合わせようとして無理に気を遣い消耗していることもあります。一人ひとりの症状に合わせ適切な治療を受けること、体調に変化を感じたときには早目に医療機関を受診することが大切です。

プライベートの充実を

　先述の通り、プライベートでの出来事は発達障害のある人の就業生活に大きく影響を与えます（p.151）。特に女性は結婚や子どもの保育の問題など、ライフステージごとの出来事により影響を受けざるを得ないのは仕方がないことです。しかしながら、家族の出来事を除いて個人に立ち返れば、長い人生というスパンの中で仕事以外にも打ち込めるものを持っていることが大事になります。仕事以外に打ち込めることがあると人生が豊かになります。年齢や性別に関係なく同じ趣味を持つ友人を作ることや、生きがいとまではいかなくとも自分の好きなことに夢中になれる時間を持つことで「幸せ」を感じるはずです。休みの日には家で体を休めるのも大事なことですが、仕事や家事の合間、休日などには楽しいことをして過ごすと生活にメリハリがつきます。

　ストレスの多い社会では「余暇」は精神的にも肉体的にもゆとりをもたらし、長い人生において心身の健康を保持していくうえで不可欠なものと考えられています。発達障害のある人の中には週末にすることがないので一日中自宅でゴロゴロしているという悩みを持つ人もいれば、逆に予定がないことは耐えられないので、無理やり週末に予定を入れているという人もいるようです。職場以外に同じ趣味を持つ仲間とのつながりを持っていると、仕事中心に偏った生活行動（仕事のことでの不安）から距離を取り、肩の力を抜いた生活を送ることにつながるのではないかと思います。余暇の過ごし方は仕事中心の生活から、個人、家庭や地域とのつながりを重視するバランスの取れた生活への転換を促す重要な役割を持つのではないでしょうか。

第6章

発達障害の人の活躍のために

発達障害の人と正義感

　発達障害のある人にとってのルールは絶対で、ルールを破ることは許せないと思う人が大半であろうと思います。日常生活で自分のルールにこだわることは構いませんが、「就労」という場面においては発達障害のある人の正義感からの正直な発言で職場にいられなくなってしまった経験を持つ方がかなりの割合でいます。

● Aさん（男性）の場合
　サービス残業の多い会社に勤務中、サービス残業に関して漏らした言葉が役員の耳に入り、不満を口にしたと見なされ、何かと目をつけられるように。結局、その会社にはいられなくなりました。

● Bさん（女性）の場合
　常に残業の発生する職場で勤務していたBさん。サービス残業について何気なく話題にしたところ、若い女性が上司にストレートに意見を言うとは面倒くさい人だと会社に思われてしまったようです。残念ながら、雇用契約の更新がされませんでした。

　このように就労という場面では、正義感からの発言が本人の予想しなかった結果を招くことがあります。もちろんサービス残業という慣習はよいことではありませんし、正義感は大切です。しかし、職場での契約の継続を望むのであれば、その発言をした結果どのような反応があるかを考えて言葉を選び、発言する必要があります。
　発達障害が知られるようになりましたが、お互いが望む結末に行き着くためには、さらにお互いをよく知ることが大切です。

字義通りの言葉の理解

　発達障害のある人の特徴として、言われたことを字義通りに解釈してしまい冗談や比喩などが通じない、あいまい・抽象的な表現が理解できないなどがあります。例えば、「まっすぐ家に帰る」という言葉は寄り道をしないで家に帰るということですが、言葉を文字通りに捉え、道を曲がらないで帰ることだと思い、「僕の家は曲がらないと帰れません」という子どももいれば、必死に曲がらずに帰宅を試みる子どももいるに違いありません。「骨が折れる」「足が棒のようになる」という言葉を聞いたら驚くでしょうし、「えりを正す」「お目玉を食らう」「自分の胸に聞いてみる」という表現にも混乱することでしょう。

　一般に日常生活では、誰かに何かを依頼するときは一言で済ませがちです。技術が進み給湯器も高性能になっているので、もはや次のような会話は発生しませんが、母親の「お風呂の水、見てきてよ」という依頼に子どもは「見てきたよ。あふれているよ」などというやりとりがかつてはありました。母親の言葉には「お風呂の水、見てきてよ。（いっぱいたまっていたら止めてね）」という言外の意味が込められています。

　職場を想定した場合、次のような会話が考えられます。あるイベント会場で、会場責任者が「受付に立っているだけでいいから」と発達障害のあるスタッフに指示をしたとしたら、その言葉を字義通りに受け取る可能性は大いに考えられます。もちろん成長し経験を積むことにより、実際に期待されている内容がわかる人もいます。しかし、発達障害のある人と接する人たちには、このくらいわかるだろうという発想は捨て、常に丁寧に伝えるという姿勢を忘れずにいて欲しいと思います。

発達障害の人とコミュニケーション

　発達障害のある人の就労の場面では、本人の仕事の能力とは別に、仕事をするうえでのコミュニケーションという課題が浮かび上がってきます。コミュニケーションとは「人間が互いに意思・感情・思考を伝達し合うこと。言語・文字その他視覚・聴覚に訴える身振り・表情・声などの手段によって行う」（大辞林第三版）とあり、このコミュニケーションは情報とは異なります。情報の伝達であれば感情を込めずに正確に伝えるのがよいはずですが、コミュニケーションとなると相手との共通認識を持つことが最終目標となります。

● 状況判断

　相手に理解してもらうためには、相手の立場を考え、相手がわかるように話す、伝えたいことを自分の期待や要求の度合いに応じて熱意や使命感を持って話すということも必要になります。

　発達障害のある人は言語能力が高ければ情報の伝達には問題ありませんが、相手の立場（職位、知識の有無など）を考えること、相手の状況（気持ち、反応など）を瞬時に判断する部分での弱さがあると思います。表情の読み取りの苦手さも影響していると思います。

　同じ内容を伝達するにも相手が役職者や目上の人であれば当然自分以上の情報と知識を持っていると推察され、報告または確認や承認を得る形式になるでしょうし、相手が新入社員などの知識のない人であれば専門用語を多用せず、わかりやすく説明する必要があります。また、伝える際にも内容を単に伝えればよいのか、それとも何らかの結果を期待するのかにより、話し方と対応は異なってきます。

【アポイントを取る場合】

Aさん：「ぜひそちらにご相談したいと思っています。○月○日の午後に予約を取りたいのですが…」

相手：「その日の午後はすでに予定が入っています」

Aさん：「その日は予約が取れないのですね。わかりました」

　発達障害のある人は物事を素直に受け止める人が多いので、その日はスケジュールが空いていないと言われたらすぐにあきらめてしまうと思われます。しかし、どうしても早急にアポイントを取りたい場合は、こちらの必要性を強調し、調整をお願いする必要があります。それは発達障害のある人にとって苦手な「調整」あるいは「交渉」というものです。

【どうしてもアポイントを取りたい場合】

Bさん：「現在かくかくしかじかの状況で非常に苦慮しています。つきましては、早急にご相談に乗っていただきたく、○月○日の午後に予約をお願いしたいのですが…」

相手：「その日はすでに予定が入っていますが、緊急性がありますか？」

Bさん：「はい、非常に困っている状況です。ご多忙のところ大変恐縮ですが、何とか早急に対応していただけないでしょうか？」

相手：「では、午後は予定がいっぱいなのですが、11時からあるいは17時過ぎならなんとかなりますが、この時間はどうですか？」

Bさん：「はい、17時過ぎからで結構です。突然の依頼にもかかわらず対応していただき、本当にありがとうございます」

　この会話例のようにどうしてもお願いしたいという場合は、こちらの状況や緊急度が高いことを説明・強調し、なおかつ丁重に依頼すると相手が状況をくんで、対応してもらえることがあります。特別に対応して

くれた相手には感謝の意も忘れずに伝えます。もう一つ付け加えるなら、非常に困っていることを話しぶりでも表現し、感謝の言葉にも「本当にありがとうございました」と相手にわかるように気持ちを込めることが重要です。コミュニケーションは言葉だけでなく、身ぶりや表情も相手に大きく影響を与えるのです。

　発達障害のある人のコミュニケーションの問題は、状況判断として相手の気持ちを推し量ること、また自分の要求度に応じた働きかけが苦手なことによる相手への理解、相手との共通認識の構築の弱さにあります。

　実際にコミュニケーション力の不足や周囲の空気を読めないことについて苦手意識を持つ人は少なくありませんが、実際に働いていくために必要なことは雑談ができることでも周囲の空気が読めることでもありません。社会で必要なコミュニケーションについて整理しておく必要があります。

● 認知と感覚の問題

　発達障害のある人のコミュニケーションの問題は一つではないようです。発達障害のある人には認知と感覚の異なりがあります（第2章）。認知とは、心理学や脳科学などでは物事を知覚したうえで、それが何であるかを判断したり、解釈したりする過程のことを言います。個人差がありますが、発達障害のある人は物の見え方、音の聞こえ方、現実の受け止め方が異なります。さらに、同じ言葉を聞いてもその言葉を字義通りに捉えるか、言葉の背景もくみとるかでは意味が異なってくるかもしれません。例えば、就職活動について「この会社に応募するのにはまだ準備不足で（合格は）難しいと思います」と言われたとき、「難しい」という言葉から「可能性はほとんどない＝限りなくゼロに近い」と感じるか、「可能性はゼロではない＝可能性がある」と捉えるかでは明らかに状況が異なります。

● 白黒思考

　発達障害のある人は白か黒か、0か100かで判断する傾向があります。白か黒かのように正解、不正解がはっきりしていることはスムーズに処理できます。ところが、世の中には正解のない場合があります。そのようなとき、発達障害のある人はどれが正しいのだろうと混乱するに違いありません。世の中の定型発達と呼ばれる多くの人は、正解がなくともあいまいなままで記憶できます。この「あいまいなままにしておく」ということは絵に描けない見えない行動ですから、発達障害のある人にはイメージがしづらいかもしれません。ある発達障害の人は「それぞれの人の机の上に箱が置いてあり、その箱の中にとりあえず入れるという動作を思い浮かべます」と言います。

● 社会性の不足と誤学習

　発達障害のある人の中には大人になるまでに当然知っているだろうと思われる事柄を知らなかったという人は少なくありません。例えば、ある当事者の方から、つい最近知ったこととして、「大人になってもサンタクロースの存在を信じていた」と打ち明けられたことがあります。このように子どものような純粋な気持ちのまま成人した人もいます。社会経験の不足、得られる情報の偏りと本人の思い込みなどから、年齢に応じた一般常識や判断力を満たしていないことも考えられます。本書p.169「早く教えて欲しかったこと」で大人になるまでに知りたかったことの事例を詳しく説明しています。

　日本の子どもたちは、小学校などで自然にわかっていくだろうということについて説明を受ける機会がありません。今後はなぜそれが必要なのか、コミュニケーションの必要性、どうしたら良好にコミュニケーションを取れるのか、そのためには相手の話の聞き方、どのような言い回しがよいかなど、解説がされるとよいのではないでしょうか。

● 複雑なコミュニケーション

　発達障害のある人から「周囲も皆自分と同じ考えだと思っていた」というセリフを頻繁に聞きます。世の中には自分と考えが異なる人がいるという事実を知ることは必要です。場面に応じた言い回しを知り、使えるようになることも社会生活に役立ちます。

　「雑談ができるようになりたい」「他の人と同じように思考し、会話ができるようになりたい」と考え、コミュニケーション力の向上のために努力している人もいると思います。しかし、定型発達の人たちの日常の会話は発達障害のある人が想像する以上に複雑な判断や処理に基づき行われています。しかも、雑談でさえも会話をしながら相手の反応により内容を修正していくことを自然に行っているのです。このような複雑なコミュニケーションに参加することが発達障害のある人にとってよいことかどうかはわかりません。仕事以外のことで、高度な処理の必要なこれらの会話に参加することは、大きな負荷となり具合を悪くするのではないかと心配します。発達障害のある皆さんは、過度なストレスを感じるほど仕事以外のコミュニケーションに気を遣う必要はないのではないかと思います。

● 相手の気持ちを推察できるか？

　発達障害のある人は相手の気持ちがわかりにくいと言われています。感覚的でわかりにくい「気持ち」「意図」などをわかろうとすると、相手に関するできる限りの情報を集め、推察することになります。あらゆる知識を総動員し、思考により判別するのですが、この作業には大変な負荷がかかります。自分の持っていない感覚を、知識を利用して論理的に判別し、定型発達の人の会話や行動のパターンを学習し、これらのデータの中から当たり障りのない行動や発言を選択していくことになります。普段の周囲との会話でも集中力を必要とする人が多いなか、負荷

が高くなり過ぎると心理的に追い詰められてしまいます。場合によっては二次障害につながるかもしれません。そのように体調が悪化してしまう前に負荷を軽減し、ストレスを解消する必要があります。身体を動かすことや趣味など自分の好きなことで気持ちの切り替えができればよいのですが、支援者や理解者に話を聞いてもらうことも気持ちを落ち着かせる一つの方法でしょう。

● 発達障害のある人の気持ち

「空気が読めない」と言われますが、発達障害のある人は周囲の雰囲気が変わったことはわかります。しかし、なぜ雰囲気が変わったのかの理由を知るまでには至りません。また、定型発達の人たちに配慮した行動をすることは「正直でない」「嘘をついているよう」に感じ、後ろめたい感覚を持つ人がいます。このように発達障害のある人は他者に対して慮ろうとする気持ちはありますが、定型発達の人とは感覚が異なるために、気持ちがあったとしても態度や対応が見えにくいところがあると思います。普通に見られたいと努力して定型発達の人に合わせることは非常に負荷がかかり、疲れることをもっと多くの人に理解してもらわねばなりません。

● いくらでも成長する

多くの相談者から小学校、中学校、高校とコミュニケーションで苦労した話を聞きます。一般就労では特に職場の人間関係で行き詰った経験が語られます。対人関係で失敗を重ね、気持ちの落ち込み、自信の喪失、あるいは怒りを感じることもあるでしょう。しかし、自身のエネルギーは仕事そのものに向けられるべきで、仕事に必要なコミュニケーション以外の複雑なコミュニケーションに対応することで消耗しないで欲しいと願います。常に一生懸命努力をする方々ばかりです。目標と方法さえわかれば、その目標に向けて努力し、成長できると信じています。

発達障害の人と想像力

✓ 想像力について

　発達障害のある人の特徴として、日常生活の中では「空気が読めない」「相手の気持ちを推し量ることができない」と言われます。また、抽象的な事柄についての概念の理解も苦手なため、先の見通しを持つことも難しい感覚の一つです。想像力の範囲が狭く深いため、その結果として変化を好みません。見通しが持てないと混乱しますので、職場では何をすればよいのかを具体的にわかりやすく伝えることが必要です。

✓ 見える化と構造化

　発達障害のある人には見える化、構造化が有効と言われています。
　現在、発達障害の子どもたちには個々の状況に応じて療育プログラムが提供されています。主な療育の方法の一つにＴＥＡＣＣＨ(ティーチ)と呼ばれるものがあります。ＴＥＡＣＣＨとは「Treatment and Education of Autistic and related Communication-handicapped CHildren」（自閉症とその関連する領域にあるコミュニケーション障害の子どもたちの治療と教育プログラム）の略で、米国ノースカロライナ大学で作られました。
　このプログラムは①視覚構造化（目で見てわかるようにする）、②物理的構造化（パーティーションを置くなどの落ち着ける環境にする）、③ワークシステム(決まったことを決まった場所でする、課題や指示の手順の一定化)、④スケジュールの可視化（１日の予定を見てわかるよ

うに示す）などで構成され、ＴＥＡＣＣＨの４原則と呼ばれます。

　このような療育を受けた子どもたちがいる一方で、成人になってから発達障害に気づいた人はこれまで何のツールや対応もなく社会で過ごしてきたわけです。その道のりは簡単ではなかったに違いありません。

見えないものはないのと同じ

　発達障害のある人の中には、職場で使う道具やファイル、資料、事務用品などを探すことに苦慮する人が多くいます。視覚情報の取り込みが限定されているためか、発達障害のある人にとって見えないものはどこにあるかわからない、すなわちないのと同じということになります。

　そこで、先にも触れた「視覚構造化」が有効となります。発達障害のある人にだけとは限らず、誰にとっても職場や仕事が構造化され、すべてが"見える化"されていれば、自分がやるべきことが明確となり、スムーズに仕事を進められます。

絵に描けないことはわからない

　発達障害のある子どもは具体的なものの理解と視覚的な情報を理解することが得意な一方、抽象的なこと（映像にできない言葉）が理解しにくいと言われています。例えば、ケーキ、チョコレート、アイスクリームという個々の単語を覚えても、カテゴリーとしてのスイーツ（甘い物）という抽象概念では括らず、個々の単語そのままを記憶していくそうです。絵で思い浮かべることのできる個々の単語はいくらでも記憶できたとしても、絵に描くことのできないカテゴリーとしての単語は理解が難しく、記憶しにくいようです。

✓ 個々が気になる

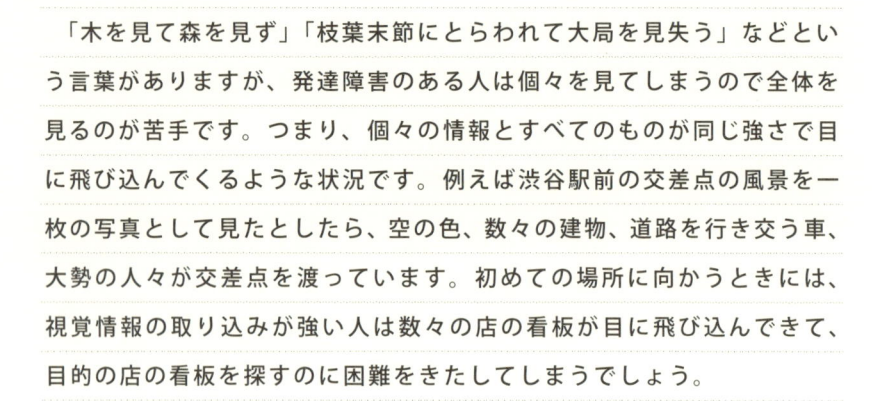

「木を見て森を見ず」「枝葉末節にとらわれて大局を見失う」などという言葉がありますが、発達障害のある人は個々を見てしまうので全体を見るのが苦手です。つまり、個々の情報とすべてのものが同じ強さで目に飛び込んでくるような状況です。例えば渋谷駅前の交差点の風景を一枚の写真として見たとしたら、空の色、数々の建物、道路を行き交う車、大勢の人々が交差点を渡っています。初めての場所に向かうときには、視覚情報の取り込みが強い人は数々の店の看板が目に飛び込んできて、目的の店の看板を探すのに困難をきたしてしまうでしょう。

✓ 他の人の気持ちに気づく

発達障害のある子どもが学校などで不適応を起こしやすいのは、他の人の気持ちを理解しにくいという特性が理由の一つだと思います。バロン・コーエン氏による「心の理論」では、自己と他者が独立した異なる心を持つことを直感的に理解する認知機能は健常児が4歳頃までに獲得する機能であるとされています。一方、広汎性発達障害の子どもでは知能が高くても10歳くらいでないと獲得できないと言われています。

思春期になってからそれまでは気づかなかった他者の自分への視線に気づくようになり、仲間外れにされたり、ばかにされたりした経験を持つ人は少なくありません。失敗したときに叱責されたり、からかわれた体験も自己評価を低下させます。自分と周囲を比べ、うまくいかない自分を責め、被害感や怒り、孤立感から二次障害を併発する人もいます。

発達障害の特性から他者を意識することが少なく、自己認識の発達が遅れている状態と言えます。そのため知的に遅れはなく、成人になって

いる人でも実年齢よりも"子どもっぽい"と感じられることがあります。

✓ 空気が読めない

　発達障害のある人は本人の言語能力が高いレベルであったとしても、他の人の会話やその会話の意図を理解すること、あるいは状況の把握、文脈の読み取りが苦手です。そのため「場の空気が変わったのはわかるが、なぜ変わったのだろうか」「理由はわからないけど自分だけ浮いているらしい」という状況にとどまっています。これらの状況により、違和感や自己不全感を覚えていることが多いと思います。

✓ ほどよい距離感の取り方

　相手と会話をするときに通常より接近しすぎて、相手に違和感を与えてしまう人がいます。その理由は、単に何メートル離れているのがよいかがわからないからです。ビジネスの関係では1.2メートル、個人的な関係（家族、友人など）では0.6メートルという説があります。また、会話の際に後輩にも敬語を使い、笑われてしまう人もいます。逆に上司に対して馴れなれしく話しかけてしまった経験を持つ人もいます。実際には相手によって使い分けるのが難しいということもありますが、誰にでも礼儀正しくふるまうのがよいと考え、すべての人に対して敬語で接することを実践している人は多いと思います。

✓ コミュニケーション

　発達障害の人の中で会話にまったく問題がないと思われる方でも「3

第6章　発達障害の人の活躍のために　167

人以上になると会話が難しい」という人もいます。それは当事者の思考方法によるところが大きいと思います。発達障害のある人は脳をフル回転させて相手の会話についていくのですが、人数が多くなるとついていくことができず、オーバーヒートしてしまうのです。定型発達の人同士の会話の中では話し手は会話の内容に関してごく自然に情報処理を行い、相手の表情や反応などの視覚的な情報も加味し、そのうえで判断するという処理が行われています。具体的には、相手の言葉に対して自分はどのように答えようかと考え、返答のサンプルをいくつか思い浮かべます。そして、それぞれの答え方をしたときの相手の反応を想像します。そして、相手の反応も判断材料の一つとして取り入れ、その結果自分が最適と思う答え方を選択します。瞬時に仮説を立て、相手の反応も含めて情報収集と分析を行い、判断し、決定しているのです。ましてや相手の気持ちを推察したり、目配せを交わすことなども含まれる仲間内の会話では、一瞬の表情や合図を読み取ることは難しいでしょう。

　相談者の中には「コミュニケーション力を向上させたい」という人がいますが、複雑なコミュニケーションを必死に理解しようとして疲弊するより、わからないことはわからないと周囲に伝え、協力を得るのが最善の方策であると思います。発達障害のある人の素直さや正直さはよく知られていることの一つです。しかし、残念ながら社会での発達障害の特性への理解は表面的な部分にとどまり、どのように対応したらよいかという部分が十分に足りているとは言えない状況です。発達障害の人の困りごとの「何がどうわからないのか」「どういう理由でその部分がうまくできないのか」など周囲に対してのわかりやすい説明が不足しているのかもしれません。発達障害のある人が困っていることをうまく伝えることができるようになると、周囲の人がその状況を理解し、対応策を具体的に知ることにより、双方の距離は間違いなく近づくはずです。

早く教えて欲しかったこと

誰もが同じではない

　科学者で当事者でもある米国のテンプル・グランディン氏は、さまざまな著書の中で自分自身を対象として自閉症スペクトラムについて科学的に解説しています。自著の中で自身が語っているように、同氏は誰もが自分と同じように画像で考えていると思っていたそうです。言語能力テストの結果は言語と画像を結び付けていたため100人中6位で、論理的能力は下から6番目というアンバランスさがありましたが、その理由が自閉症によるものだとは思っていなかったそうです。30代初めに受けた1秒に1音節の速さで流れる単語を聞き分けるテストの成績は小学校2年生のレベルという結果でした。言語能力の高さとの比較から考えると、この結果は短期記憶の問題であるらしいと推測されます。科学者、大学教授である同氏が多数執筆した自閉症に関わる著書からも、発達障害のある方々が高い能力を持つ一方で、極端に苦手な部分があるというアンバランスさをうかがい知れます。なおかつ、ほとんどの人たちは自分が特別であることには気づいていなかったという事実がわかります。

嘘をつく人がいるということ

　誰から教えられるでもなく、"世の中には嘘をつく人がいる"ことを定型発達の人たちは自然に知ります。周囲の会話などから、ある人に対する表現の中の「ほら吹きである」「いい加減である」「信用できない」

などという言葉から想像し、世の中には正直でない人がいるのかもしれないと薄々気づきます。あるいは周囲の噂話で「あの人は嘘つきだから…」というような会話を聞いたかもしれません。著者自身の記憶を呼び出すと、それは小学校高学年くらいの頃ではないでしょうか。

一方、発達障害のある人の中には成長し、十分な一般就労経験のある人でも20代どころか30代になってから、世の中には嘘をつく人がいることを知って「ショックを受けた」「小さいときに教えて欲しかった」という人が少なくありません。

発達障害のある人たちは正直な人が多く、嘘をつけない人が大半ではないかと思います。ある人の言葉を借りれば「嘘をつくととても苦しい」ばかりか「黙っているのも苦しい」のだそうです。そのため自分の思っていることをすべて正直に伝えずにはいられません。自分が嘘をつかない以上、他の人も嘘をつかないのだと思い込んでしまうのもわかります。物事を字義通りに受取る人たちであれば、相手の言葉を疑いもなく受入れ、相手が嘘をついていても気づきにくいかもしれません。"世の中には嘘をつく人がいる"ということを大人になるまで知らずにきてしまったということにも頷けます。長い間気づかずにきたわけで、自分以外の人は時と場合により嘘をつくということを知ったときは驚愕したと思います。自分が信じていた事柄が覆されたという経験は、到底承服できないことだったのではないでしょうか。

社会に出てから、職場のさまざまな人間関係に接し、自分が期待したよい結果にならないと、必要以上に不信感を抱いてしまう人もいるかもしれません。類まれなる優秀な能力を持ちながら、対人関係での些細な一言で傷つき、社会は怖いところだと思い込み、閉じこもってしまう人もいますが、不要に傷ついて欲しくないと思います。社会はそんなに悪い人ばかりではありません。世の中には必ず理解してくれる人、適切な

判断をし、適切なアドバイスのできる人がいます。そのような理解者をぜひ周囲に見つけてもらいたいと思います。

✓ まったく悪口のない職場はない

　正義感の強い発達障害のある人の中には"嘘をつく"と同様に"悪口や噂話"もしてはいけないことだと思っている人が多いと思います。そのため悪口や噂話が嫌いな人は「悪口のない職場に転職したい」と希望する人もいるのですが、残念ながらまったく悪口のない職場があるとは思えません。BさんがいないときにはCさんにBさんの悪口を言っていたAさんが、CさんがいないときにはCさんの悪口をBさんに言うかもしれません。発達障害のある人は悪口を言うのは仲が悪いからだと思うかもしれませんが、悪口を言ったから仲が悪いとは言えません。または、Bさんの悪口を言っていたAさんは、Bさんが戻ったら何事もなかったかのようにBさんと親しく話しているかもしれません。

　また、女性同士で食事に行ったり、飲みに行くと共通の知人や友人の話題や陰口が出てくるのはつきものです。発達障害のある人がその話題を聞くと、さぞかしその人が嫌いなのだと思うほどかもしれませんが、次の日には、特に変わりなくその人とも仲良くしているでしょう。発達障害のある人にはひどい悪口と聞こえるかもしれませんが、悪口を言ったからといって相手を100％嫌いとは限りません。職場の人とは好き嫌いは関係なく交流するものなので、いろいろなメンバーで食事に行く機会もあると思います。男性同士の飲み会でも仕事のグチや上司に関する話題はつきもので、同じ話題を共有することで一種の連帯感を育みます。発達障害のある人にとっては不可解なことばかりかもしれません。

✓ 飲み会に参加する理由

　会社の飲み会には新年会、送別会など組織の行事としての全体での飲み会の他、部署ごとの懇親会や気の合うメンバーでの飲み会などさまざまな趣旨による飲み会があります。

　発達障害のある人の中には雑談が苦手、あるいは大勢の人と話をすると疲れてしまうなどの理由で飲み会への参加を遠慮する人もいると思います。一方、アフターファイブの時間帯になると街の居酒屋は多くのお客さんでにぎわっていますので、世の中にはお酒が好きな人や飲み会が大好きな人も少なくないということでしょう。

　飲み会は、単にワイワイ楽しく飲んだり食べたりする時間を一緒に過ごすということだけではなく、会社に勤務する社員には別の意味合いもあります。自分の担当業務をこなし、その業務に精通することはとても立派ですが、それだけではこれから先の長い会社生活の中で仕事の幅が広がりません。人事担当者や管理者など人材育成に関わる人たちの考え方としては、職場のチームの人だけと関わるだけではなく、他の部署の人たちとも交流し、知識を広げてもらいたいと思っているのです。

　発達障害のある人の中には担当の仕事を黙々とこなせばよいと思う人もいるかもしれませんが、一人ひとりの社員は経験を積み、成長し、その結果さまざまな業務ができるようになることも期待されています。部署をまたがる人事異動や担当替え、あるいは抜擢の際にはよく知られている社員の名前がまず先に挙げられます。もちろん仕事をこなす能力は必要ですが、日頃飲み会や食事会などで交流があり、人柄を知られている人は候補になりやすいのです。飲み会は単なる社交というだけでなく、仕事とも結びついていること、"知ってもらうこと"が大切であることを理解する必要があります。

変化への対応

　発達障害のある人は変化への対応が弱いことが知られています。先の見通しを持てないと不安になるため、日々のやらなければならないことを細かいところまで予定化しておくことで安心する人も少なくないようです。そして、その一日の予定（目標）を達成できると気分がすっきりするという具合です。個人の予定であればどのように計画し、消化しようと個人の自由ですが、いざ社会に出てみると予定の変更が度々行われることに、驚きどころか大きなショックを受けることになります。

　発達障害のある人は一度予定を立てるとその通りに行動しようと考えます。何らかの事情により予定の変更を余儀なくされた場合は、気持ちのうえで大きなストレスを感じます。ちょっとした変更でも発達障害のある人にとっては大きな動揺につながります。一般にプライベートでどこかに出かける約束をしても都合により変更することはよくありますが、一度決めたらその通りに行動することを常とする発達障害のある人にとっては予定が頻繁に変わることは理解しがたいでしょう。就労経験のない大学生のみならず、第二新卒や就労経験の少ない人、あるいは一般就労経験者の中にも変化への弱さを持つ人がいます。周囲も自分と同じように考えると思っていたが、一度約束しても変更になることを知った、しかも世の中には先々のことまで綿密に考えないで、必要なギリギリのところで考える人がいるという事実を知って驚いたという人もいます。

　アルバイトや仕事を始めてから、この変化への対応の弱さが際立って表れてくることがあります。変化への対応を求められて困った経験を持つ発達障害のある人たちの声を次に紹介します。

- 夏休みにアルバイトをしたAさん

「求人票にはデータ入力と書いてあったが、実際には会場整理の仕事に回された。たくさんの人を誘導したりすることは自分には向いていない。求人票に書かれていない仕事をさせるのはおかしい」

- 夏休みにアルバイトをしたBさん

「アルバイトの求人票には8:30～17:00と記載されていた。ところが実際には早出も要求され、帰る間際になって今日は残業をして欲しいなどと言われて困った」

- 長期間のアルバイトをしたCさん

「店舗での販売業務だったが、夜勤のシフトにもかかわらず朝から出勤してお客様へのレターや案内を作成したりする作業があった。長時間にわたる業務は心身ともに負担が大きかった」

- 新卒で入社したばかりのDさん

「募集要項には9:00～18:00と記載されていたのに、入社してみると職場の人は皆毎晩遅くまで残業していて一人として定時に退社する人はいない。記載にある時間だけ勤務すればよいと思っていたのに…」

- 新卒で入社したEさん

「プログラマーとして入社したが、就業場所がユーザー先である。1ヶ月程度の短期プロジェクトが多く、1ヶ月ごとに就業先が変わると環境になじめない。しかも業態柄、毎晩何時に帰宅できるのかがわからないことがつらかった」

　これらの発達障害のある方々のリアルな声を読んで、皆さんはどうお感じになりますか？ 柔軟性が必要という言葉では簡単に片づけられません。職場での変化を受入れようと必死に努力するけれども簡単にはいかなかったこと、変化への対応に苦慮する方々の姿が浮かび上がってくると思います。

● 座席

　発達障害のある大学生に顕著な行動ですが、教室で同じ席に座ることを好みます。中学・高校までは自分のクラスも教室も、そして座席も決まっていました。大学では自分の履修する授業の教室で自分が座ると決めている席に他の学生が座っていると、自分の予定が変化したことに慌てふためいて混乱してしまう学生がいます。

● 席替え

　ある職場で席替えをすることになりました。発達障害のある社員には事前に説明を行い、「わかりました」という返事をもらっていたので、予定通りに席替えを実施しました。その会社では発達障害のある社員には支援者をつけて定期的に話を聞いてもらう時間を設けています。その際、本人は支援者に「席替えがあったのはショックだった」と心の内を語ったそうです。職場の方も「事前にちゃんと説明してわかっていたと思っていたのに」と驚きを隠せませんでした。このように事前に知らされていた変化でも動揺する人がいます。

● 食事

　発達障害の子どもたちの偏食も知られています。なかには味覚が過敏なため野菜類の酸味や苦味が表現しづらいほど苦痛に感じられている場合もあります。幼いうちは、野菜類を食べられない理由が味覚の過敏性なのか、警戒心からくる食わず嫌いなのか、また別の理由があるのかはわかりにくいようです。成長するにつれて少しずつ食べられるものが増えていきますが、なかには特定の食物に対してひどいアレルギーのある人もいるようです。

　このように偏食があるということもありますが、発達障害のある人の中には毎日同じ食事をとることを好む人もいます。加えて、毎回同じ店の同じ席で同じメニューを注文する人もいます。毎回同じ食事では飽き

ないだろうかと思う人もいるかもしれませんが、むしろ同じであることで安心できるのです。

● 立場の変化

　一般就労では30代後半にもなるとマネジメントを求められるようになります。発達障害のある人にとってはマネジメントが一つの鬼門です。自分のペースで仕事を進めているときは優れた成果を出せる人が多いのですが、いざ部下を持つ立場になると部下にどのように対応してよいかわからずに不安になる人が少なくありません。あるいは部下のとりまとめができず、しかも部下の気持ちも読み取れないため、職場で大きな不和が生じてしまう場合もあります。

● 運用方法の変更

　同じ業務を継続していても、業務移管先の変更あるいは担当者の交代などの変化が生じた場合、同じ業務を続けているにもかかわらず、今までのように業務を円滑に進められないことがあります。また、グループ内の別会社で今までと同じ経理などの業務に就く場合でも、ちょっとした仕事の判断や進め方の違いでうまくいかなくなることがあります。一般的に同じ業務であれば、多少の運用方法の変更があっても大差なく対応できると思われがちですが、発達障害のある人にとってはその変化は決して小さいとは言えないのです。

● 上司の交代

　一般就労の経験で、人事異動により上司が代わったらうまくいかなくなったという経験のある人はかなり多いのではないかと思いますが、上司との関係は就業継続の大きなファクターです（p.21【事例3】「上司の交代」）。このような場合、新しい上司は何かにつけて細かくて、その都度ダメ出しをされているうちに不安とストレスが募り、体調の悪化につながってしまったというケースがほとんどです。

欲しい支援はどこにある?

✓ 支援の導入

　発達障害のある人が就労を開始したとき、その特性による職務遂行上の何らかの課題が発生することが想定されます。多くの企業では受入れに際し、静かな場所に席を設けるなど、あらかじめ想定できる必要な環境調整を行います。しかし、雇用経験の少ない職場では想定のできなかったことが起こる可能性もあります。課題について一つずつ話し合い、よりよい方法を一緒に考えていくうちに、お互いが少しずつわかり合えるようになっていきます。本人は担当業務を早く覚えようと必死に努力していますが、仕事に慣れるまでは配属先の指導係の努力も欠かせません。

　入社直後の立ち上がりの問題については p.17 〜 p.20 でも紹介していますが、入社して1〜3ヶ月頃の時期は非常に重要な時期です。発達障害のある社員が新しい仕事と環境に慣れるまでには、一般の試用期間が3ヶ月間であればその倍の6ヶ月間程度をみておいたほうがよいと言われています。それでも入社直後の仕事を覚える段階で、職場適応援助者(ジョブコーチ)の支援が必要だと判断されれば、ジョブコーチが事業所に出向いて直接支援することができます。支援の依頼は、本人からでも事業所からでも構いません。

● 支援の対象となる例
・就職は決まったが、仕事をちゃんと覚えられるか不安
・就労を開始したが、作業がなかなか覚えられない
・一生懸命やっているつもりだが、うまく作業ができない

● 支援の内容

　支援は雇用前の職場実習から採用と同時か採用後に必要なタイミングで開始できます。本人の状況に合わせて支援計画を作成します。作業遂行力の向上支援、職場内コミュニケーション能力の向上支援、健康管理と生活リズムの構築に関する支援など、支援導入時は集中的な支援が行われますが、慣れるに従い、支援頻度は徐々に減っていきます。発達障害のある人の中には、作業の遂行に問題はなくとも職場内でのコミュニケーションの行き違いの防止や問題が発生した場合の調整を希望して入社前に支援をお願いしておく人もいます。ジョブコーチは雇用管理や職務内容の設定に関する助言だけではなく、配属先における障害のある人との関わり方や指導方法に関するアドバイスも行います。

仕事に対する不安

　発達障害のある人で知的能力や言語能力が高く、一見すると何の問題もないと思われる人でも不安が強い場合には支援を導入するのがよい場合もあります。

● 不安の例
・新しい職場になじめるかどうか心配
・前の職場での失敗と同じことを繰り返したくない
・今の職場で続けていきたいが、特性からその仕事がうまくできない

　一般就労経験があり業務上の問題がない人でも、このような不安を抱きがちです。月に1回、事業所内で支援者と面談し、その際に職場でのコミュニケーションなどで困ったことを相談することで安心して就業を継続できるという方も少なくありません。

当事者・企業・支援者の関係

✓ 当事者、企業の責任

　発達障害のある社員の就業継続のためには、当事者、企業に加え、支援者がそれぞれの責任と役割を果たしていくことが必要であると考えます。

　発達障害のある社員は、当然のことながら健康管理に十分に留意し、働く意欲と向上心を保ち続け、就業を継続していくことが大切です。一方、企業は社員の雇用管理はもちろんのこと教育・育成に関しての大きな責任があります。発達障害のある社員の特性を理解し、適切な指導と対応を行うことが求められます。発達障害のある社員と雇用先企業がそれぞれに努力しても、課題や困りごとをうまく解決できない場合もあります。その場合、大きな役割を果たすのが医療者・支援者です。

✓ 医療者・支援者の存在

　発達障害のある人はちょっとした変化をきっかけに不安を感じやすく、不安やストレスにより体調を崩したり、不適応を起こしやすい傾向があります。不安の原因が仕事に関することであれば、職場内で早急に解決するのが最もよい方法です。しかし、不安の原因には仕事以外の要素が含まれている場合もあります。プライベートな人間関係やちょっとした変化により、不安が募ることがあっても、通常プライベートな事柄まで職場は関与しません。

そこで、不安の解消のためには、通院している人は医療者に相談し対応方法についてアドバイスをもらうことになります。支援者の決まっている人は定期的な面談でその不安を伝え、早急にアドバイスが必要であれば支援者に連絡して相談し、アドバイスをもらいます。就労経験が長く、困ったときの対応方法について経験値からわかっている人は自己で課題解決できることもありますが、一般的には不安が高じると思考が一方方向に固まってしまいがちで、発達障害のある人はその思考から抜け出せなくなることが多いようです。丁寧に話を聞いてもらうことで解決の糸口が見えてくることもあります。誰かに相談し、自分では思いつかない改善策を提示してもらい、自分なりに取り入れていくことが不安の解消や軽減につながる最も効果的な方法です。

　通院もなく、支援者の決まっていない人は、自分が安心して相談できる人を作っておくのがよいでしょう。p.177のように就労開始の際に発達障害のある人が就業に関して不安を抱いている場合などに、支援機関からの支援を受けるケースが増えてきています。支援が導入されている場合、支援者は企業に対して雇用のアドバイスをしたり、職場以外のプライベートなことの相談にも乗ってくれます。困っていることがあっても自分から言い出しにくい人にとっては、企業に働きかけてくれる支援者の存在は重要です。企業側から支援者に直接連絡を取り、雇用管理に関しての相談をする場合もあれば、健康や日常生活に関しての課題を本人と話して欲しいと依頼することもあります。週末の過ごし方も含めた体調管理や身だしなみなどについては、企業は直接関わる内容ではないと考えている場合が多く、支援者を通じて本人に確認してもらうという手法をとる場合が多いようです。このように仕事以外のことについても支援者が親身に相談にのり、具体的なアドバイスをしてくれるのは心強いかぎりではないでしょうか。

三者の理想的な関係

　発達障害のある社員の就業継続のためにも相談のできる支援者の存在が必要と考える企業は多く、入社の際に支援者を決めておくことを推奨する企業も増えてきています。当事者⇔企業の一対一の関係だけでなく、支援者が加わることにより当事者⇔企業⇔支援者のトライアングルの関係が築かれます。この三者の関係がうまく機能することで安定就労につながります。支援の目的と具体的な内容は本人、企業、支援者が確認し、共有する必要があります。また、支援は本人が職場に慣れるに従い、徐々にフェードアウトし、その後は職場のナチュラルサポートと本人の工夫、セルフケアにゆだねられます。長い期間にわたって支援の継続が必要な人もいますが、支援機関等の専門家による支援が得られなくとも、相談できる人、話を聞いてくれる人を見つけて困ったときにはアドバイスを受けながら就業を継続していくのが望ましいと思います。

図1　当事者・企業・支援者の関係

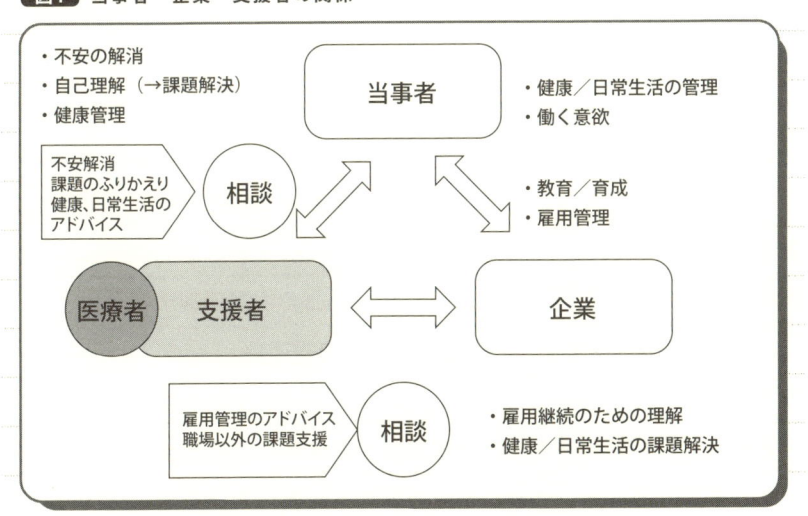

当事者
・不安の解消
・自己理解（→課題解決）
・健康管理
・健康／日常生活の管理
・働く意欲

相談
不安解消
課題のふりかえり
健康、日常生活のアドバイス

医療者　支援者

企業
・教育／育成
・雇用管理

相談
雇用管理のアドバイス
職場以外の課題支援
・雇用継続のための理解
・健康／日常生活の課題解決

第6章　発達障害の人の活躍のために

いま必要なこと

☑ 障害のある人の成長過程

　さまざまな病気や障害のある子どもは乳幼児期から親の庇護のもとに成長していきます。病気や障害の状況により、特別支援教育を受ける子どももいます。学齢期から青年期へそして成人へと年齢に応じたさまざまな生活体験を積み、生活するためのスキルを身に付けていきます。修学から就労までの期間には自分の身の回りのことを自分で行えるようになり、朝決まった時間に起床し、洗面をすませ、身づくろいをして、食事も済ませ、学校もしくは職場に向かいます。学校生活では仲間とのつきあい方を学びますが、病気や障害によりスポーツなどの行事に参加できない場合は、自分の障害を認識する機会になりますし、また自分の障害について説明する場面が出てきます。いよいよ就職という年代になれば、障害に関しての配慮が必要な場合は障害者雇用枠での就労をすることになります。特別支援教育を受けている生徒は、学校の支援のもとに就職活動を進めます。小さいときから障害を把握している場合は、障害のある生徒として自分に合ったゆるやかなライフステージで成長できるように思います。

☑ 成人になって診断を受けた人の苦悩

　著者が会った方々の多くは成人になって発達障害の診断を受けています。つまり、障害児が徐々に自分の障害を認識していくのに対し、いき

なり何もわからずに混沌とした海に放り投げだされたような状況です。本人も家族も気づかないままに成人し、告知はされたけれど、その後何をどうすればよいのか途方に暮れる人も少なくないように思います。場合によっては家族が障害を認めないこともあり、必ずしも家族の協力や支援が得られる環境ではない人もいます。発達障害のある人の苦悩は、今後どのように生きていけばよいのか、どこに相談すればよいのか、その道筋と方法が明確に示されていないことにあるのではないでしょうか。

安定した生活に必要なもの

基本的な生活習慣としてのライフスキルには住まい、食事、身づくろい、健康で安全に暮らすこと、金銭管理なども含まれます。さらに余暇や学習を通じての交流が社会参加のスキルにつながります。そして、就労という場面になると自己理解、自己決定、就労スキルが必要となりますが、この3つのスキルはいずれも正解がなく、目に見えないものですから、発達障害のある人にとって「就労」は高いハードルになります。さらに、就業継続にはさまざまなトラブルに対処できる力と心身の安定が必要です。

発達障害のある人の中には過去の失敗経験により自尊感情が低い人がいます。周囲から求められることがうまくこなせない自分に自信を失い、不安が募っていきます。その結果、追いつめられて体調を悪化させてしまう人もいます。一人ひとりは素のまま、ありのままであってよいのです。自分を十分に理解し対処方法を知っておくことが必要なのではないでしょうか。自分のありのままを受入れ、無理のない生活を送り、無理のない仕事を選び、就業を継続していくことが安定した生活につながるのではないかと思います。

おわりに

　発達障害のある方の就職が近年非常に進んできたことは大変喜ばしいことです。発達障害のある方が診断を受け、自己の特性と向き合い、その後なんらかの配慮を得ながら働いていきたいと、障害を開示して仕事に就く方が大変増えてきました。しかしながら、就職件数が増加する一方で、必ずしも十分な配慮が得られているというわけではありません。著者のところにも、社会に一歩を踏み出し、就業を開始した方々からの相談が多く寄せられるようになりました。就業中の方がさまざまな理由で困難を抱え、またその解決方法を見いだせずに不安を感じていることも知っています。必ずしもジョブマッチングが実現しているとは言えず、自分に適した仕事に就いていない方は、ミスをするのではないかといつも不安を抱えています。また、一部突出した能力を持ちながらも、チーム全体の仕事を完成させるために必要なチームのメンバー間でのコミュニケーションに困難を感じる人もいます。社会のルール、職場のルールについて知ることはもちろん必要で、それができている人も多いにもかかわらず、日本の企業の職場内コミュニケーションは、よく知っている相手との会話では「この間のあれどうした？」など主語が省略されるどころかすべて代名詞が使われることもあります。相手の考えを読まないと会話が成り立たないという点で難しさがあります。

　発達障害のある人の中には周囲のコミュニケーションについていくことができず、思い悩んでいる人が少なくありません。しかし、自分を追い詰めるほどに悩んでしまって欲しくないと思っています。誰しも将来こうなりたいと思い描く姿があると思いますが、その理想の姿は一夜に

して実現するわけではありません。目の前の仕事を実直にこなし、長い日々の延長の先でその目標とする位置に到達することができるのだと思います。現在できないことを気にして落ち込んでいる方にはそんなに嘆いたり、気を落としたりする必要はなく"ありのまま"でよいと申し上げたいと思います。"ありのまま"の皆さんの率直な気持ちを周囲に伝えていただいたなら、協力してくださる方が必ずいるはずです。

著者のところに相談に来られた方々から、周囲からのサポートとして聞いたのは「同じ部署に同時期に配属された同期の社員が面倒見のよいタイプだったので、自分のわからないことをいつも親切に教えてくれた」「職場のベテラン女性社員がお世話好きなタイプでいろいろとさりげないアドバイスをくれて助かった」「自分の気づかなかったことを給湯室で耳打ちしてくれる人がいた」などでした。このようにサポートをしてくれる人が周囲にいれば、安心して就業を継続していくことができるのではないかと思います。このような自然なサポートができる人材がさらに増えて欲しいと強く願うものです。

近年、発達障害のある人の就労が急速に進んできたのは紛れもない事実だと思います。社会の理解がまだ追いついていないようにも感じられますが、発達障害を理解しようとする人々も増えてきています。当事者、企業、支援者それぞれの理解が進むことにより、発達障害のある人が安心して活躍できる日はそう遠くないものと期待しています。

最後に依頼したテーマで快く執筆してくださった共著者の皆様、コラムを執筆してくださった皆様、皆様のおかげで今回も本書に多角的な視点を備えることができましたことを心より感謝いたします。

テスコ・プレミアムサーチ株式会社

石井京子

著者

石井京子（第1章・第5章・第6章）
テスコ・プレミアムサーチ株式会社　代表取締役社長
一般社団法人　日本雇用環境整備機構　理事長
上智大学外国語学部英語学科卒業。通信会社、大手人材派遣会社を経て、2008年にテスコ・プレミアムサーチ株式会社を設立。数多くの企業へ障害者雇用に関するコンサルティングサービスを提供するほか、障害や難病を持つ方の就労支援に対応し、発達障害を持つ方の就労に関する原稿執筆やセミナー・講演の講師を務める。

池嶋貫二（第4章）
セットパワード・アソシエイツ合同会社　代表社員
大学卒業後、システムソリューション企業でシステム設計・開発業務などに従事した後、大手人材派遣会社を経て、2009年にセットパワード・アソシエイツ合同会社を設立。障害を持つ方への就労支援を行い、企業の障害者雇用コンサルティングサービスを提供する。2012、2013年に兵庫県障害者雇用促進アドバイザーを務める（障害者しごと体験事業）。

林哲也（第2章）
さいとうクリニック（精神科）医師
合同会社ライムライト　代表
信州大学医学部卒業。さいとうクリニックでの精神科外来診療の他、自身が代表を務める合同会社ライムライトでは、グリーフカウンセリングや各種相談（ストレスチェック、職場のメンタルヘルス、大人の発達障害）といったヒューマン・コンサルティングサービスを提供している。複数企業の産業医・顧問医、日本薬科大学客員教授も兼任。

村上由美（第3章）
Voice manage 代表／言語聴覚士
上智大学文学部心理学科、国立身体障害者リハビリテーションセンター学院聴能言語専門職員養成課程卒業。幼少時、自閉症の可能性を指摘され、心理士や母親の療育を受けて育つ。総合病院等での就労後、重症心身障害児施設で言語聴覚療法や発達相談などに携わり、現在は声に関するセミナーや研修の講師、自治体の発育・発達相談、講演活動などで活躍。

コラム執筆者（掲載順）

吉澤 功
（株）カネカ・クリエイティブ・コンサルティング　代表取締役
産業カウンセラー、キャリア・コンサルタント
慶応義塾大学法学部卒業。同大学大学院経営管理研究科修了。派遣、紹介業務を中心に人材ビジネスを手がけ、最近は特に企業への「障害者雇用」支援事業に注力。

森山史子
三木メンタルクリニック　復職支援ショートケアスタッフ　臨床心理士
西南学院大学文学部外国語学科フランス語専攻卒業。日本大学大学院文学研究科心理学専攻博士前期課程修了。アパレル会社、コンベンション会社、フランスでの就労等を経て、大学病院精神科秘書勤務をきっかけに臨床心理学を学ぶ。2011年4月より現職。休職者の復職支援に携わる。

渡邊典子
上智大学文学部卒業。北海道大学教育学部大学院修士課程修了。中・高一貫校教員を経て、専門学校・予備校講師の他、自宅にて個別指導の教室を運営。その際に学習障害を持つ生徒の指導をしたことが発達障害について学ぶきっかけとなる。大学院での研究テーマは「dyslexia」。

佐藤智恵

特定非営利活動法人さらプロジェクト副理事長
就労移行支援事業所さら就労塾＠ぽれぽれ経営責任者　精神保健福祉士
明治大学文学部卒業。2001年広告代理店勤務の傍ら友人とともにNPOを立ち上げ、情報弱者の支援を始める。2007年就労移行支援事業所さら就労塾＠ぽれぽれを世田谷区に開設、施設長を勤めた後、2011年より現職。就労塾は現在都内に3事業所、横浜に1事業所あり、企業が求めるレベルの職業能力を育む訓練を実施している。

編集協力：渡辺彩子

人材紹介のプロが教える
発達障害の人が活躍するためのヒント

2014（平成26）年11月15日　初版1刷発行

著　者　石井京子・池嶋貫二・林哲也・村上由美
発行者　鯉渕友南
発行所　株式会社　弘文堂
　　　　101-0062　東京都千代田区神田駿河台1の7
　　　　TEL03(3294)4801　振替00120-6-53909
　　　　http://www.koubundou.co.jp

ブックデザイン　松村大輔
印　刷　大盛印刷
製　本　井上製本所

Ⓒ 2014 Kyoko Ishii et al., Printed in Japan.

[JCOPY]＜(社)出版者著作権管理機構　委託出版物＞
本書の無断複写は著作権法上での例外を除き禁じられています。複写される場合は、そのつど事前に、出版者著作権管理機構（電話 03-3513-6969、FAX 03-3513-6979、e-mail: info@jcopy.or.jp）の許諾を得てください。
また本書を代行業者等の第三者に依頼してスキャンやデジタル化することは、たとえ個人や家庭内での利用であっても一切認められておりません。

ISBN978-4-335-65165-6